Hildegard von Bingen

Klosterküche

Alle Angaben in diesem Werk wurden sorgfältig erarbeitet. Dennoch erfolgen alle Angaben ohne Gewähr. Die in diesem Buch enthaltenen Informationen sind weder völlig umfassend noch verbindlich. Verlag, Autor und Producer haften nicht für eventuelle Nachteile und Schäden, die aus den im Buch gemachten praktischen Hinweisen und dem Genuss genannter Nahrungsmittel resultieren. Die in diesem Werk enthaltenen Ratschläge ersetzen nicht die Untersuchung und Betreuung durch einen Arzt.

Umsetzung: AMS Autoren- und Medienservice, Reute
unter Mitwirkung der Autorin Anett Röger
Gesamtherstellung: Naumann & Göbel Verlagsgesellschaft mbH, Köln

ISBN 978-3-625-11204-4
www.naumann-goebel.de

Hildegard von Bingen

Klosterküche

Inhalt

D. JACOBI THEODORI
TABERNÆMONTANI
Neu vollkommen
Kräuter-Buch/
Darinnen
Uber 3000. Kräuter / mit schönen und
kunstlichen Figuren / auch deren Underscheid und
Würckung / samt ihren Namen in mancherley Sprachen /
beschrieben: Deßgleichen auch / wie dieselbige in allerhand
Kranckheiten / beyde der Menschen und des Viehs / sollen
angewendet und gebraucht werden / angezeigt wird.
Erstlichen durch
CASPARUM BAUHINUM, D.
und Profess. Basil. mit vielen neüen Figuren /
nutzlichen Artzneyen / und anderem / mit
sonderem Fleiß gebesseret:
Zum Andern
Durch HIERONYMUM BAUHINUM, D.
und Profess. Basil. mit sehr nutzlichen Marginalien,
Synonimis, neüen Registeren und
anderem vermehrt.
Und nun zum vierdten mahl aufs fleissigst übersehen /
an unzahlbaren Orten absonderlich verbessert / an scheinbaren
Mängeln durchaus ergäntzt / und endlichen zu hoch-
verlangter Vollkommenheit gebracht.
Gedruckt zu BASEL /
In Verlegung Johann Ludwig Königs / Buchhändlern /
der Zeit in Offenbach am Mäyn / 1731.

Titelbild eines von Hildegard beeinflussten Kräuter- und Gewürzbuches. Das eigene „Gewürzgärtlein“ wurde immer beliebter.

Einführung

Viele Menschen in der heutigen Zeit leiden an ernährungsbedingten Zivilisationskrankheiten – Tendenz steigend. Ein hektisch in den Mund geschobener Snack in der Mittagspause, ein in der Mikrowelle kurz erhitztes Fertiggericht, Tütensuppen oder die obligatorischen Kartoffelchips vor dem Fernsehgerät gehören mittlerweile einfach zu den modernen Essgewohnheiten. Gern wird dabei ignoriert, dass zum Beispiel Übergewicht, Diabetes, Lebensmittelallergien, Stoffwechselerkrankungen sowie Herz- und Kreislaufprobleme oft die Folge von falschen Lebens- und/oder Ernährungsgewohnheiten sind.

Bereits die Benediktiner-Äbtissin Hildegard von Bingen (1098–1179) erkannte den Zusammenhang zwischen Ernährung und körperlicher und seelischer Gesundheit. Krankheiten entstehen demnach nicht zufällig, sondern können unter anderem auch Folge ungesunder Ernährung und schlechter Essgewohnheiten sein. Denn nur wer sich maßvoll und ausgewogen ernährt und im Einklang mit Gott und der Natur lebt, hält auf Dauer Leib und Seele gesund. Lebensmittel sind laut Hildegard von Bingen „Mittel zum Leben". In ihnen verbergen sich Heilkräfte, die die Gesundheit des Menschen optimal unterstützen können. Hildegards Ansichten über gesunde Ernährung decken sich in vielen Punkten mit den Erkenntnissen moderner Wissenschaft. Auch deswegen ist ihre Ernährungslehre besonders heute wieder hoch aktuell.

Um Krankheiten vorzubeugen oder bereits Erkrankte zu heilen, empfiehlt die Benediktinerin eine Kost, die hauptsächlich aus Getreide, Gemüse, Kräutern und Obst besteht. Wer diese regelmäßig in seinen Speiseplan integriert, kann dadurch Mängeln und Schäden vorbeugen und die Gesundheit von Körper und Geist aufrechterhalten beziehungsweise bereits vorhandene Leiden mildern.

Besonders der Dinkel bildet in Hildegard von Bingens Klosterküche die Grundlage einer gesunden und ausgewogenen Ernährung, aber auch Sellerie, Edelkastanien und Fenchel sowie einige Kräuter und Gewürze – zum Beispiel Salbei, Quendel, Muskatnuss und Zimt – sollten so oft wie möglich auf dem Speiseplan stehen.

Fisch, Geflügel und Wild wird ebenfalls zu schmackhaften Gerichten zubereitet. Anderes Fleisch hingegen gehört nur selten auf den Tisch. Auch auf Süßes muss nicht verzichtet werden, denn Nachspeisen, köstliches Gebäck und selbst zubereitete Marmeladen runden den abwechslungsreichen Speisezettel ab. Als Getränke empfiehlt Hildegard von Bingen Fencheltee, Dinkelkaffee und verschiedene Obstsäfte oder Limonaden aus eigener Herstellung, außerdem Wein (mit Wasser verdünnt) und Bier in Maßen.

Es gibt jedoch in der Natur auch einige Nahrungsmittel, die sich negativ auf Körper und Seele auswirken. Der Arzt Dr. Gottfried Hertzka, der zusammen mit dem Heilpraktiker Dr. Wighard Strehlow in den 70er Jahren des

20. Jahrhunderts die Schriften der Äbtissin wiederentdeckte und auch den Begriff der Hildegard-Medizin prägte, bezeichnete diese als „Küchengifte“. Hierzu zählen zum Beispiel Erdbeeren, Aal, Schweinefleisch, Pflaumen, Porree und Pfirsiche. Kranke sollten diese Lebensmittel ganz meiden. Für Gesunde hält Hildegard einige Vorschläge für deren Zubereitung bereit, sodass diese trotzdem gegessen werden können, ohne allzu großen Schaden im menschlichen Organismus anzurichten.

Hildegards Klosterküche verspricht keine Wunder. In ihren Werken gibt die Äbtissin, die oft auch als „erste deutsche Naturärztin“ bezeichnet wird, jedoch zahlreiche Anregungen für eine maßvolle, ausgewogene und gesunde Ernährung. Besonders hervorzuheben ist außerdem ihr Appell an die Eigenverantwortlichkeit des Menschen für seinen eigenen Körper – ein sehr moderner Gedanke, der für die damalige Zeit durchaus als revolutionär bezeichnet werden kann.

Die Rezepte für schmackhafte und gesunde Gerichte aus Hildegards Klosterküche sind etwas für alle, die ihre Ernährung dauerhaft umstellen möchten, oder können – nach Rücksprache mit einem Arzt – auch als Kur bei unterschiedlichen Krankheiten angewendet werden.

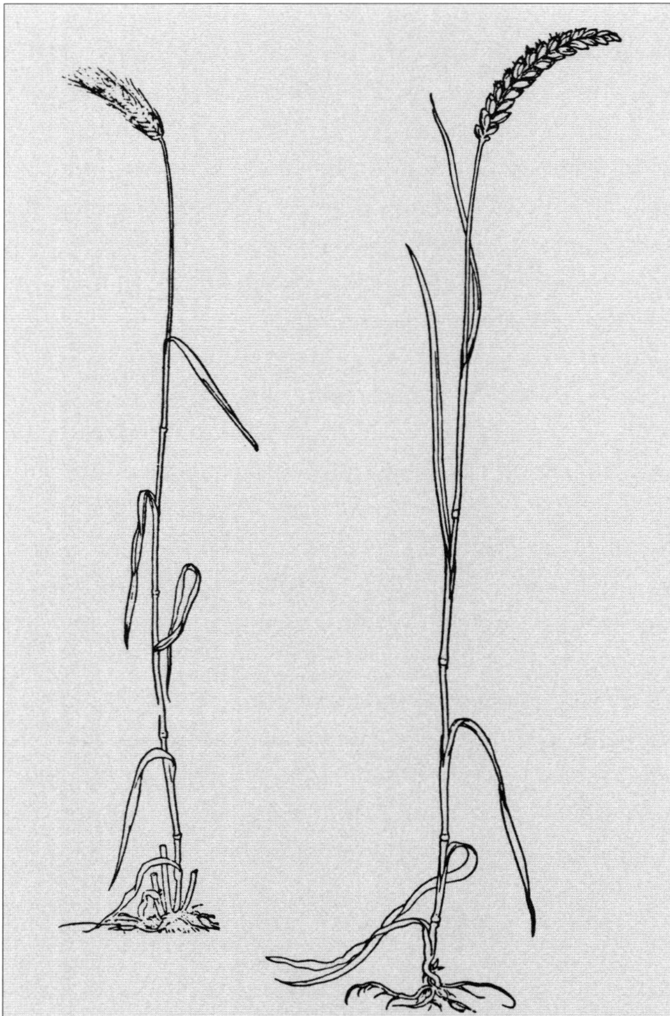

Den Dinkel weiß Hildegard von Bingen besonders zu schätzen. Er ist für sie das beste Getreide.

Grundnahrungsmittel der Klosterküche Hildegards

Was man über den Einkauf und die Zubereitung der Zutaten wissen muss

In Hildegard von Bingens Klosterküche finden eine Reihe von Getreide-, Gemüse- und Obstsorten, von Gewürzen und Kräutern breite Verwendung, deren Verzehr sich positiv auf Körper und Seele auswirkt. Viele dieser Lebensmittel waren lange Zeit in Vergessenheit geraten, sind mittlerweile aber wieder gut erhältlich.

Auch fertige Produkte wie zum Beispiel Dinkelnudeln oder die Hildegard-Küchenkräutermischung – bestehend aus Melde, Quendel, Salbei, Fenchel, Muskatnuss, schwarzem Pfeffer, Galgant, Kerbel und Knoblauch – können im Handel erworben werden.

Beim Einkauf der Zutaten sollte man darauf achten, dass in erster Linie Obst und Gemüse der Saison und aus biologischem Anbau in die Kochtöpfe kommt. Kräuter lassen sich ohne großen Aufwand auf der Fensterbank oder dem Balkon selbst ziehen. Getrocknet und in lichtgeschützten Behältern aufbewahrt, kann man so schnell einen kleinen Vorrat für die Wintermonate anlegen. Nicht nur die vielen aromatischen Kräuter geben den Speisen in

Hildegards Klosterküche ihren einzigartigen Geschmack, auch das Würzen mit Salz ist erlaubt, denn Salz ist für den Körper lebensnotwendig. Es muss allerdings sparsam verwendet werden, sodass das Salz nicht den Speisegeschmack übertrifft.

Fast alle von Hildegard erwähnten Obst- und Gemüsesorten kommen gekocht, gedünstet oder gebacken auf den Tisch. Rohkost ist in ihren Augen eher problematisch: „Wenn aber Menschen zuweilen übermäßig viele Speisen gegessen haben, die entweder zu roh und ungekocht oder halbgar und insbesondere außergewöhnlich fett und schwer, aber auch saftlos und trocken waren, dann können manchmal das Herz, die Leber und die Lunge und die anderen Wärmespeicher, die im Menschen sind, dem Magen mit nicht so viel und so starker Wärme beispringen, sodass diese Speisen gar gekocht werden." Deshalb also gilt: Gemüse besser vorher dünsten und zum Beispiel mit einem leckeren Kräuterdip servieren.

Aber auch auf Fleischgerichte muss in Hildegards Klosterküche nicht verzichtet werden. Diese sollten jedoch selten und in nicht allzu großen Portionen verzehrt werden. Empfehlenswert sind laut Hildegard folgende Sorten: Rind, Lamm, Schaf und Ziege.

Schweinefleisch gehört nach Möglichkeit gar nicht erst auf den Tisch, denn es gilt der Klosterfrau – ähnlich wie in den islamischen Ländern – als unrein. Einen höheren Stellenwert als das Fleisch der Haustiere besitzt in Hildegards Klosterküche das Wildbret. Für Hase, Hirsch, Rebhuhn, Wachteln und Reh, gewürzt mit allerlei Kräutern, gibt es eine Reihe von schmackhaften Rezepten. Auch

Geflügel- und Fischgerichte bereichern den Speiseplan. Besonders zu empfehlen sind Hühnerfleisch und Wildente und für die Zubereitung von Fisch Hecht, Barsch, Rotauge, Wels und Forelle.

Bleiben noch einige andere wichtige Lebensmittel, die in der Klosterküche Verwendung finden. Butter als Brotaufstrich oder in Speisen ist für magere oder Menschen mit Lungenkrankheiten besonders gesund. Übergewichtige sollten aber darauf verzichten. Käse als Weich- oder Hartkäse kann als Brotbelag dienen oder zum Kochen und Überbacken verwendet werden – ebenso wie Quark beziehungsweise Topfen. Trotzdem sind laut Hildegard Milch und Milchprodukte (außer Butter) nicht unbedingt für eine gesunde Ernährung geeignet, denn auch hier kann ein übermäßiger Genuss dem menschlichen Organismus Schaden zufügen.

Hühnereier finden in Hildegards Küchenrezepten ebenfalls Verwendung, sollten aber nicht täglich und nur in bestimmter Zubereitung auf den Tisch kommen und niemals roh verzehrt werden. Beim Thema Speiseöle streiten sich die Geister. Das in unserer Zeit so positiv bewertete Olivenöl zum Beispiel wird von Hildegard komplett aus der Küche verbannt und nur für äußere Anwendungen gebraucht. Ihre Warnung zur Nutzung von Olivenöl für Speisen dagegen lässt sich vielleicht damit erklären, dass das Öl, das Hildegard von Bingen zur Verfügung stand, von besonders schlechter Qualität war, denn dessen Transport vom Mittelmeerraum ins Rheinland betrug im 12. Jahrhundert mehrere Wochen. Walnussöl und Mandelöl (kaltgepresst) hingegen finden in ihren Schriften positive Erwähnung. Als Essig eignen sich Weinessig oder der sehr aromatische Himbeeressig. Zum Süßen von Speisen empfiehlt Hildegard von Bingen rohen Rohrzucker oder Sucanat – ein eingedickter Rohrzuckersaft, der zur Verwendung fein gemahlen wird. Honig hingegen eignet sich als Zuckerersatz zum Backen oder Süßen von Getränken nicht. Butter, Eier, Öle, Milch- und Milchprodukte sollten ebenso wie Obst, Gemüse und Fleisch aus biologischer Landwirtschaft stammen.

Im nächsten Kapitel folgt eine Liste mit ausgewählten Nahrungsmitteln, denen Hildegard von Bingen eine gesundheitsfördernde Wirkung zuspricht und die die Grundlage ihrer Küchenrezepte bilden. Anhand dieser Aufstellung kann man problemlos auch eigene Rezeptideen entwickeln. Die bei uns so beliebten Kartoffeln, Tomaten, Paprika und exotischen Früchte sucht man hier allerdings vergeblich, denn zu Hildegards Zeit waren diese in Europa noch vollkommen unbekannt.

Empfohlene Lebensmittel

Apfel

In Hildegards Klosterküche wurden nicht nur die Früchte zur Zubereitung von Kompott oder Apfelkuchen benutzt, sondern man bereitete aus der Rinde und den Blättern des Apfelbaumes Heilmittel zu, die zum Beispiel bei Kopfschmerzen, Gelbsucht und Augenkrankheiten Verwendung fanden. Äpfel können gesunde Menschen auch roh essen.

Bertram

Es ist schwierig, den Geschmack der aus dem Mittelmeerraum und Kaukasus stammenden Bertramwurzel exakt zu beschreiben; zuerst ist dieser neutral, dann sauer.

Beim Kochen sollte man darauf achten, nur den römischen Bertram zu verwenden, denn der deutsche Bertram enthält nicht die von Hildegard von Bingen geschätzten Inhaltsstoffe. Als Universalgewürz einsetzbar, wirkt er verdauungsfördernd und hilft, schlechte Säfte auszuleiten. „Für den gesunden Menschen ist er gut zu essen, weil er die Fäulnis mindert und das gute Blut in ihm vermehrt und einen klaren Verstand im Menschen bereitet."

Dinkel

Der Dinkel, auch Schwabenkorn oder Spelz genannt, findet in Hildegard von Bingens Klosterküche vielfältigste Verwendung zum Beispiel als Brei, Suppe, Brot und Kaffee. Sie bezeichnet ihn als das „beste Getreide", denn er besitzt viele gesundheitsfördernde Eigenschaften für den menschlichen Organismus. Bereits bei den alten Ägyptern und den Kelten galt der Vorläufer des Weizens mit dem fein-nussigen Aroma als „Heilnahrung". Ob als Vollkorn- oder Auszugsmehl, Grieß, Kaffee oder Reis – der Dinkel gehört in Hildegard von Bingens Klosterküche zu den wichtigsten Lebensmitteln.

Edelkastanie

Die Maronen der Edelkastanie, die man keinesfalls mit den giftigen Früchten der Rosskastanie verwechseln darf, sind ein weiteres wichtiges Lebensmittel in der Klosterküche. Maronen schützen unseren Körper, indem sie vor allem die Abwehrkräfte stärken. Frische Edelkastanien röstet man in der Pfanne oder gibt sie zum Beispiel als Einlage zu Suppen.

Fenchel

Der Fenchel stammt ursprünglich aus dem Mittelmeerraum und weist ein süßlich-anisähnliches Aroma auf. In der Küche wird neben der Knolle auch das Fenchelgrün und der Fenchelsamen verwendet. Besonders empfehlenswert ist Fencheltee, der aus getrockneten Fenchelsamen zubereitet wird. Diese eignen sich auch hervorragend als Gewürz für Brot. Hildegard von Bingen schätzt den Fenchel sehr: „Wie auch immer gegessen, macht er den Menschen fröhlich, durchwärmt ihn, macht gute Verdauung." Im Gegensatz zu den meisten Gemüse- und Obstsorten kann Fenchel auch roh gegessen werden.

Galgant

Das Ingwergewächs mit seinem scharfen, leicht erdigen Geschmack ist zum pikanten Würzen von Suppen, Fleisch- und Gemüsegerichten geeignet. Allerdings sollte man mit Galgant sparsam umgehen und ihn nicht täglich zum Kochen verwenden. Hildegard von Bingen beschreibt die Heilkraft der Galgantwurzel wie folgt: „Wer im Herzen Schmerzen leidet und wem vonseiten des Herzens ein Schwächeanfall (Ohnmacht) droht, der esse sogleich eine hinreichende Menge Galgant, und es wird ihm besser gehen."

Gewürznelke
Dieses Gewürz, das unter anderem auch erhöhten Blutdruck senken und Kopfschmerzen lindern kann, findet beim Kochen und Backen vielseitigen Einsatz. Sein besonderes Aroma verfeinert zum Beispiel Hildegard von Bingens berühmte „Nervenkekse". Aber auch süß-sauer eingelegtem Gemüse, wie zum Beispiel dem Kürbis, verleiht die Gewürznelke einen unvergleichlichen Geschmack.

Hafer
Laut Hildegard von Bingen hat der Hafer ähnliche Eigenschaften wie der Dinkel, denn auch er wirkt stimmungsaufhellend. Er „bereitet ihnen (den Menschen) einen frohen Sinn und einen reinen und klaren Verstand, und er macht ihnen eine gesunde Farbe und ein gesundes Fleisch". Als Haferflocken, -brot und -brei verzehrt, darf dieses Getreide auf keinem Speiseplan der Hildegard-Küche fehlen.

Kichererbse
Mit Hilfe von Kichererbsen können bei konsequentem täglichen Verzehr die Blutwertfette gesenkt werden. Geröstete und gesalzene Kichererbsen sind eine leckere Alternative zu Kartoffelchips.

Knoblauch
Schon in vorchristlicher Zeit war Knoblauch ein unverzichtbares Lebensmittel: Beim Pyramidenbau haben ihn die Arbeiter als Gemüse verzehrt. Knoblauch, den die al-

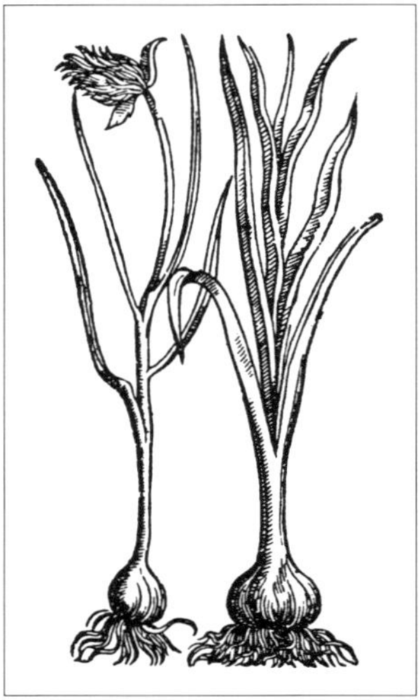

Knoblauch. Hildegard empfiehlt, ihn roh und in Maßen zu essen.

ten Griechen auch „stinkende Rose“ nannten, soll nach den Empfehlungen Hildegards idealerweise immer roh und in Maßen gegessen werden, „damit das Blut im Menschen nicht übermäßig erwärmt“ wird. Den Seeleuten diente Knoblauch übrigens früher nicht nur als Kost, sondern ebenso als antibakterieller Schutz gegen faulendes Trinkwasser.

Kornelkirsche

Die Kornelkirsche, auch gelber Hartriegel genannt, besticht durch ihren angenehm säuerlichen Geschmack. Laut Hildegard von Bingen „reinigt und stärkt sie den kranken und auch den gesunden Magen, sie nützt dem Menschen für die Gesundheit“. Am leckersten ist die Frucht roh, aber auch als Kornelkirschensaft oder -marmelade ein neuartiges Geschmackserlebnis.

Kürbis

„Für Gesunde und Kranke gut zu essen“, so beurteilt Hildegard von Bingen den Kürbis, den es bei uns erntefrisch im Herbst und Winter zu kaufen gibt. Ob als Suppe serviert, süß-sauer eingelegt oder überbacken – für den Kürbis gibt es unzählige Rezepte für leckere Gerichte.

Lavendel
Hildegard von Bingen gilt als Entdeckerin der Nutzung dieser Heilpflanze. Die Blüten und das Öl des Lavendels beruhigen einen nervösen Magen und Darm, helfen bei Unruhezuständen und Einschlafschwierigkeiten. Als Tee zubereitet oder als Gewürz für Ziegenkäse sind getrocknete Lavendelblüten eine wahre Köstlichkeit.

Melde
In Maßen gegessen, wirkt sie verdauungsfördernd, deshalb sollte dieses Küchenkraut sparsam verwendet werden, weil unter Umständen eine leicht abführende Wirkung eintreten kann. Besonders eignet sich die Melde, die äußerlich Ähnlichkeit mit dem Spinat hat, zur Verfeinerung von Salaten.

Melisse
Diese Heilpflanze gehörte zu allen Zeiten zum Standardgewächs in den mittelalterlichen Klostergärten. Hildegard von Bingen schreibt dem leicht nach Zitrone duftenden Kraut eine positive Wirkung auf Herz und Milz zu: „Ein Mensch, der sie isst, lacht gern, weil ihre Wärme die Milz berührt und daher das Herz erfreut wird." Schmeckt hervorragend als Tee oder als Zutat in frischen Salaten.

Mispel
Die kleinen apfelförmigen Früchte des Mispelbaums behalten in jeglicher Zubereitung ihre gesundheitsfördernde Wirkung. Sie können nach längerer Lagerung oder

Frosteinwirkung roh gegessen und auch zu Mus, Marmelade oder Saft verarbeitet werden. Mispeln besitzen eine blutreinigende Wirkung.

Muskatnuss

Das köstliche Gewürz darf in keinem Haushalt fehlen, denn, so Hildegard von Bingen, „wenn ein Mensch Muskatnuss isst, öffnet sie sein Herz und reinigt seinen Sinn und bringt ihm einen guten Verstand". Ihre positive Wirkung auf die Psyche ist mittlerweile auch wissenschaftlich nachgewiesen worden. In Überdosierung wirkt die Muskatnuss allerdings berauschend.

Quendel

Der Quendel, auch als Feldthymian bekannt und diesem sehr ähnlich im Geschmack, entwickelt seine heilsame Wirkung nur, wenn er mitgekocht oder -gebacken wird. Er eignet sich ideal zum Verfeinern von Gemüse-, Getreide- und Fleischgerichten. Hildegard von Bingen entwickelte ein Rezept für Quendelcracker, die bei Zuständen von Erschöpfung und Ausgebranntsein wieder zu neuer Kraft verhelfen.

Quendel. Er eignet sich ideal zum Verfeinern von Gemüse-, Getreide- und Fleischgerichten.

Quitte

Auch diese Frucht ist, ob roh oder gekocht gegessen, sehr bekömmlich für den Körper. Selbst zubereitete Quittenmarmelade auf frischem Dinkelbrot ist eine wahre Delikatesse. Ebenfalls besonders lecker sind gebratene Quitten. Hildegard: „Wenn die Quitte reif ist, schadet sie roh genossen weder dem kranken noch dem gesunden Menschen, aber gekocht oder gebraten ist sie dem Kranken und dem Gesunden sehr bekömmlich."

Salbei

Sein Name leitet sich aus dem lateinischen Begriff *salvare* (heilen) ab. Für Hildegard von Bingen war der Salbei ein wahres Allheilmittel, „denn roh und gekocht ist er gut für jenen zu essen, den schädliche Stoffe plagen, weil er diese unterdrückt. Nimm Salbei, pulverisiere ihn und iss dieses Pulver auf Brot, und es vermindert die schlechten Säfte in dir." In Brot eingebacken oder als Würzkraut zu Dinkelnudeln ist er besonders geeignet. Da Salbei einen sehr intensiven Eigengeschmack besitzt, sollte er jedoch vorsichtig dosiert werden.

Sellerie
Schon Ärzte aus dem alten Griechenland schätzten die Pflanze als Universalheilmittel. Hippokrates, der Vater der Medizin, lobte die Wirkung auch bei Nervenleiden: „Hast Du zerrüttete Nerven, so sei der Sellerie Deine Nahrung und Deine Arznei." Man sollte Sellerie allerdings nie roh genießen, sondern zum Beispiel gedünstet als Salat anrichten.

Süßholz
Süßholz wird pulverisiert als Gewürz in Süßspeisen verwendet und besitzt, wie der Name schon sagt, einen süßlichen Geschmack mit leichter Lakritznote. Hildegard von Bingen ist von der Wirkung des Süßholzes sehr überzeugt, denn es „bereitet im Menschen eine klare Stimme, auf welche Weise auch immer es gegessen wird, und es macht seinen Sinn mild und erhellt seine Augen und erweicht seinen Magen zur Verdauung."

Ysop
Die leichte Kampfernote des Ysop passt hervorragend zu Kräuterquark, Salat, hellem Braten und Eintöpfen und wird von Hildegard sehr hoch geschätzt: „Und wenn man ihn isst, reinigt er den kranken und stinkenden Schaum der Säfte, wie die Wärme im Topf den Schaum aufwallen lässt, und er ist für alle Speisen nützlich."

Zimt
Hildegard von Bingen empfiehlt Menschen bei Atembeschwerden und Kopfschmerzen, Zimt aufs Brot zu streu-

Holzschnitt des ausgehenden Mittelalters. Er zeigt Mägde und Hausfrauen beim Kauf von Gemüse und Küchenkräutern.

en oder ihn aus der Hand zu lecken. In ihrer Klosterküche wird das Gewürz mit dem herrlichen Duft hauptsächlich für Süßspeisen und Gebäck verwendet. „Und wer ihn oft isst, dem bereitet er gute Säfte in ihm."

Zwiebel

Die Zwiebel ist eine nahe Verwandte des Knoblauchs. Sie sollte aber unbedingt vor dem Verzehr gedünstet oder gebraten werden, sonst kann sie Leibschmerzen bereiten. Schalotten, die edleren Schwestern der Zwiebel, hingegen empfiehlt die Benediktinerin, nur in Wein eingelegt und darin gebeizt zu genießen.

Rezepte der empfohlenen Lebensmittel finden Sie im nächsten Kapitel Seite 27 ff.

Empfohlene Getränke

Bier

Bier wurde vom 9. bis gegen Ende des 13. Jahrhunderts hauptsächlich in Klöstern gebraut und ist seit langer Zeit das Volksgetränk Nr. 1. Es hieß damals, dass selbst bei körperlichen Beschwerden das richtige Bier den teuren Arzt ersetzen könne. Auch Hildegard von Bingen weiß von der stärkenden Wirkung des Bieres: „Das Bier aber macht das Fleisch des Menschen fett und gibt seinem Antlitz eine schöne Farbe durch die Kraft und den guten Saft des Getreides." In Maßen getrunken empfiehlt sie besonders Dinkelbier, aber auch Weizen- und Gerstenbier sind erlaubt.

Wein

Wie dem Bier wurde auch dem Wein im Mittelalter eine gesundheitsfördernde Wirkung zugeschrieben. Mit allerlei Gewürzen und Kräutern verfeinert, avancierte der Wein schnell zum Lieblingsgetränk der Adligen. Der durchschnittliche Pro-Kopf-Verbrauch betrug für diejenigen, die sich das edle Getränk leisten konnten, durchschnittlich einen Liter am Tag. Hildegard von Bingen spricht auch dem Wein gesundheitsfördernde Wirkung zu, er sei dem Bier vorzuziehen: „Denn der Wein heilt und erfreut den Menschen mit seiner gesunden Wärme und seiner großen Kraft" und „vermehrt das Blut des Menschen mehr als andere Getränke." Wein sollte allerdings immer mit Wasser verdünnt oder mit einem Stückchen Brot dazu und nur in Maßen getrunken werden.

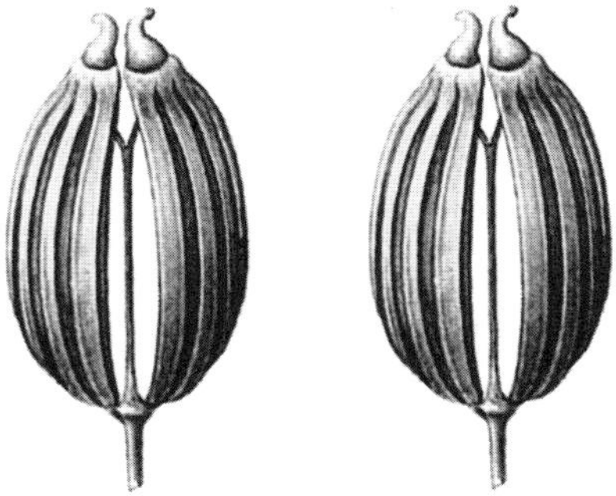

Fenchelsamen sind ideal bei Verdauungsstörungen und eignen sich hervorragend zur Zubereitung von Teemischungen.

Fencheltee

Der aus Fenchelsamen zubereitete Tee ist das ideale Getränk für Jung und Alt und eignet sich auch zum Verdünnen von Obst- und Gemüsesäften. Mit einer Prise Zimt verfeinert ist er besonders köstlich.

Dinkelkaffee

Eine gute Alternative zu Bohnenkaffee ist der Dinkelkaffee, denn er fördert die Verdauung. Hildegard von Bingen, die alle Dinkelprodukte in ihrer Klosterküche besonders empfiehlt, meint hierzu: „Und wie immer die Menschen den Dinkel essen, sei es in Brot, sei es in anderen Speisen, ist er gut und mild."

Obstsäfte

Hier eignen sich besonders Säfte aus Johannisbeeren, Trauben, Quitten, Äpfeln, Kornelkirschen, Himbeeren und Brombeeren. Allerdings sollten diese immer nur zu den Mahlzeiten und mit einem kleinen Stückchen Brot dazu getrunken werden. Durch Mischen mit Wasser lassen sich daraus auch köstliche Limonaden herstellen.

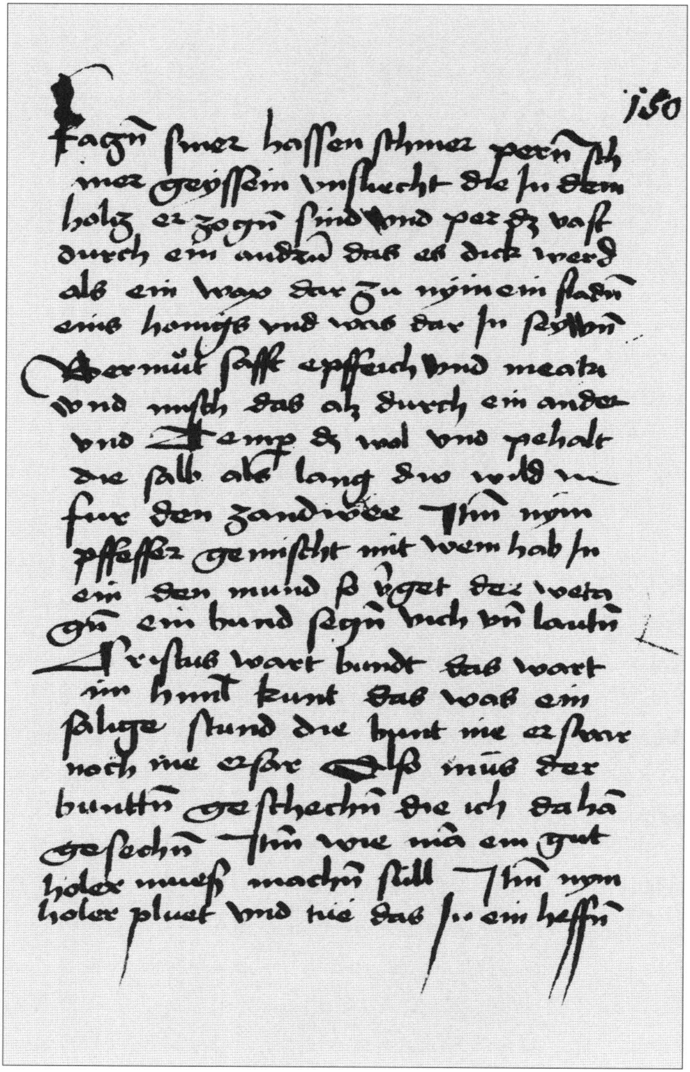

Handschriftliche Aufzeichnung eines Rezeptes in einem Hildegard-Kochbuch des Klosters Rott am Inn.

Rezepte

Eine wichtige Bemerkung vorab: Hildegard von Bingen hat nie ein Kochbuch im eigentlichen Sinne geschrieben. Die hier vorgestellten Rezepte basieren auf der Grundlage ihrer Werke *Physica, Causae et curae, Das Buch von den Tieren* und *Das Buch von den Fischen,* in denen sie die Heilwirkung auf den menschlichen Organismus von Pflanzen, Kräutern und Tieren (aber auch von Edelsteinen und Metallen) beschreibt.

Mittlerweile gibt es viele Kochbücher, die Hildegards Ernährungslehre aufgreifen und es möglich machen, gesunde, ausgewogene und schmackhafte Gerichte auf den Tisch zu bringen. Es ist aber auch möglich, eigene Rezepte im Sinne der Hildegard-Küche abzuwandeln, indem man einfach die angegebenen Getreidezutaten durch Dinkelprodukte ersetzt. Der eigenen Kreativität sind dabei keine Grenzen gesetzt, denn Kochen nach Hildegard von Bingen sollte auch Spaß machen.

Des Weiteren ist es wichtig zu beachten, beim Essen das „rechte Maß" *(discretio)* einzuhalten. Ein Zuviel an Nahrung ist grundsätzlich nicht im Sinne der Hildegard-Küche und führt zu Übergewicht oder anderen ernährungsbedingten Krankheiten. Bei der Zusammenstellung eines Menüs sollte man darauf achten, eine leichte Suppe und ein leichtes Dessert (beziehungsweise eine kleinere Portion) zu einer schweren Hauptspeise auszuwählen. Suppen zum Beispiel werden mit einer Scheibe selbst gebackenem Dinkelbrot zum Hauptgericht. Auch sollten alle hier aufgeführten Speisen weder zu heiß noch zu kalt gegessen werden. Dadurch können nach Hildegard Blähungen entstehen. Mahlzeiten in mittlerer Wärme sind nach ihrer Auffassung also ideal.

Suppen

„Fast Food" im Mittelalter – ein fahrbarer Pastetenofen, um 1450.

In der mittelalterlichen Küche gehörten Suppen neben Brot zum festen Speiseplan. Allerdings ähnelten sie eher einem Brei, der aus Milch, Wasser, Mehl und Grieß, Hülsenfrüchten oder Reismehl gekocht wurde, und auf Dauer schmeckten sie wohl recht eintönig. Im folgenden Rezeptteil finden sich einige Vorschläge für köstliche Suppen, deren Zutaten – wie zum Beispiel Dinkel und Maronen – in der Klosterküche der Hildegard von Bingen eine bedeutende Rolle spielen. Die „Basensuppe" beziehungsweise die Gemüsebrühe der Benediktiner-Äbtissin hilft, den Säurehaushalt des Körpers zu regulieren, der zum Beispiel durch übermäßigen Genuss von Fleisch oder Fetten aus dem Gleichgewicht geraten kann, denn basische Lebensmittel wie Gemüse und Kräuter wirken der Übersäuerung des Blutes entgegen.

Ob als Vorspeise oder auch als Hauptgericht serviert, die schmackhaften Suppen aus der Hildegard-Küche werden Sie überzeugen.

Basensuppe (Gemüsebrühe)

Gemüse der Saison (zum Beispiel Fenchel, Möhren, Petersilienwurzel, Sellerie, Kohlrabi)
1 EL Butter
1 Zwiebel, fein gehackt
1 EL Petersilie, fein gehackt
1 EL Liebstöckel, fein gehackt
1 EL Schnittlauchröllchen
(nach Belieben können auch andere Kräuter aus Hildegards Klosterküche verwendet werden)
1 $^{1}/_{2}$ l Wasser

Das ausgewählte Gemüse waschen, putzen und klein schneiden. Butter in einen Topf geben, Zwiebel darin andünsten, Gemüse und Kräuter hinzugeben und mit Wasser angießen. Bei schwacher Hitze ca. 20 Minuten köcheln.

Dinkelgrieß-Gemüse-Suppe

1 EL Butter
1 Zwiebel, fein gehackt

2 Möhren, geraspelt
1 Fenchelknolle, in grobe Stücke geschnitten
1/2 Sellerieknolle, grob geraspelt
5 EL Dinkelgrieß
1 1/4 l Wasser
2 Messerspitzen frisch geriebene Muskatnuss
Salz nach Belieben
1 Ei
3 EL Schlagsahne oder Sauerrahm
1/2 Bund Petersilie, fein gehackt
Geröstete Dinkelbrotwürfel nach Belieben

Die Butter in einem Topf schmelzen und die fein gehackte Zwiebel darin bräunen. Dann die Möhren-, Fenchel- und Sellerieraspel hinzufügen und kurz andünsten. Den Dinkelgrieß dazugeben und unter starkem Rühren kurz anrösten. Mit Wasser ablöschen und ca. 20 Minuten bei schwacher Hitze köcheln lassen. Je nach gewünschter Konsistenz der Suppe eventuell noch mit etwas Wasser aufgießen. Muskatnuss hinzugeben und mit Salz abschmecken. Ei und Schlagsahne mit einer Gabel aufschlagen und damit die Suppe bei ausgeschaltetem Herd legieren. Mit gehackter Petersilie verfeinern. Dazu geröstete Dinkelbrotwürfel reichen.

Quendelsuppe

1 Bund Quendel (getrocknet 1 TL)
2 EL Butter
1 Tasse Dinkelschrot
1 1/2 l Fleischbrühe
4 Blättchen Ysop

4 Blättchen Liebstöckel
1 Messerspitze Muskatnuss, frisch gerieben
Salz und schwarzer Pfeffer nach Belieben
2 EL Schlagsahne
Den gewaschenen Quendel klein hacken und in Butter andünsten. Dinkelschrot hinzufügen und zu einer Mehlschwitze verarbeiten. Langsam unter Rühren mit Fleischbrühe aufgießen, die übrigen Kräuter, Muskatnuss, Salz und Pfeffer hinzugeben und ca. 15 Minuten bei schwacher Hitze köcheln lassen. Mit Sahne kurz vor dem Servieren verfeinern.

Dinkelbiersuppe
1 l Dinkelbier
1 l Wasser
3 Eier
130 g Rohrzucker
2 Zitronenscheiben
$^1/_2$ Stange Zimt
2 EL Dinkelfeinmehl
1 Dinkelbrötchen
30 g Butter
Bier, Wasser, Eier, Rohrzucker, Zitronenscheiben und Zimtstange in einem Topf unter ständigem Rühren erhitzen. Dinkelmehl in einer Tasse Wasser glatt anrühren, hinzufügen und alles kurz aufkochen lassen. Dinkelbrötchen in Würfel schneiden, in Butter goldgelb rösten und mit der Dinkelbiersuppe servieren.

Maronencremesuppe

1 Zwiebel, fein gehackt
1 EL Butter
2 EL Maronenmehl
1 EL Dinkelmehl
150 ml Rotwein
1 l Wasser
Salz nach Belieben
2 Gewürznelken
2 Lorbeerblätter
Jeweils 1 Prise Bertram und Galgant
200 g Maronen

Die Zwiebel in Butter kurz anbraten. Dann Maronen- und Dinkelmehl hinzugeben und unter Rühren anschwitzen. Die Mehlschwitze nach und nach mit Rotwein ablöschen und mit Wasser aufgießen. Mit Salz, Nelken, Lorbeerblättern, Bertram und Galgant würzen und die vorgekochten Maronen so lange mitkochen, bis diese ganz weich geworden sind. Anschließend Lorbeerblätter und Gewürznelken entfernen und die Suppe mit dem Stabmixer cremig pürieren. Wer möchte, kann zur Verfeinerung noch etwas Schlagsahne oder Sauerrahm hinzugeben. Dazu schmeckt Dinkelbrot.

Kürbis-Dinkelsuppe

1 Zwiebel, fein gehackt
1 TL Butter
800 ml Wasser oder Brühe
300 g Kürbis, gewürfelt
1 Tasse Dinkelkörner, gekocht

1 Prise Muskatnuss
$^{1}/_{2}$ TL frischen Thymian, fein gehackt
Jeweils 1 Prise Galgant, Bertram, Quendel und Ysop
4 EL Schlagsahne oder saure Sahne
Salz nach Belieben
Die Zwiebel in der Butter in einem Topf glasig dünsten und mit Wasser ablöschen. Kürbiswürfel hinzufügen, weich kochen, vom Herd nehmen und mit einem Stabmixer pürieren. Dinkelkörner, Muskatnuss, Thymian, Galgant, Bertram, Quendel und Ysop unterrühren und kurz aufkochen lassen. Mit Schlagsahne verfeinern und mit Salz abschmecken.

Salate

In der heutigen Zeit bereichern Salate als Vorspeise oder Hauptgericht einen ausgewogenen Speiseplan. Die Variationsmöglichkeiten sind unendlich, und der Phantasie beim Zubereiten sind keine Grenzen gesetzt. In Hildegards Klosterküche sollten Salate und Gemüse jedoch niemals als Rohkost gegessen werden, sondern immer in irgendeiner Form zubereitet sein. Ob gedünstet, gebraten oder in Beize angerichtet, hier folgen einige Rezeptvorschläge für köstliche Gerichte.

Herbstsalat mit Ziegenkäse
1 Eichblattsalat oder Lollo Rosso
3 EL Orangensaft
70 g Preiselbeeren

2 EL Weinessig
1 EL Honig, kaltgeschleudert
Salz und schwarzer Pfeffer nach Belieben
3 EL Kürbiskernöl
8 kleine Ziegenfrischkäse à 40 g
1 EL Lavendelhonig
Getrocknete Lavendelblüten
4 EL Kürbiskerne

Eichblattsalat waschen, trocken schleudern und in mundgerechte Stücke teilen. Für die Vinaigrette Orangensaft mit Preiselbeeren aufkochen und abkühlen lassen. Mit Weinessig, Honig, Salz und Pfeffer mischen. Kürbiskernöl mit einem Schneebesen unterschlagen. Den Ziegenfrischkäse mit Lavendelhonig bestreichen und auf ein mit Backpapier ausgelegtes Blech legen. Anschließend 2 Minuten im Backofengrill grillen, dann auf große Teller geben. Mit Lavendelblüten garnieren. Kürbiskerne in einer Pfanne ohne Fett rösten. Den Eichblattsalat mit der Vinaigrette mischen. Auf die Teller geben und mit Kürbiskernen bestreuen. Dazu schmecken Dinkelgrissini.

Salat aus Kichererbsen

250 g Kichererbsen
2 Zitronen
3 EL Sonnenblumenöl
2 Knoblauchzehen, fein gehackt
Salz nach Belieben
2 EL Petersilie, fein gehackt

Kichererbsen über Nacht in 2 Litern Wasser einweichen und am nächsten Tag in ein Sieb gießen. Etwas Wasser in einen Topf geben und die Kichererbsen bei mittlerer Hitze ca. 20 Minuten weich kochen. Zitronen auspressen. Aus Sonnenblumenöl, Knoblauch und Zitronensaft eine Salatsauce herstellen und mit Salz abschmecken. Kichererbsen in einer Salatschüssel anrichten, die Marinade darüber geben und vorsichtig umrühren. 15 Minuten ziehen lassen. Vor dem Servieren mit Petersilie bestreuen.

Fenchelsalat mit Ananas und Käse

400 g Fenchelknollen mit Fenchelgrün
1 säuerlicher Apfel (zum Beispiel Boskop)
300 g frische Ananas, in Stücke geschnitten
1 große Orange, in Stücke geschnitten
200 g Edamer
Für die Salatsauce:
200 g Joghurt

1 EL Sonnenblumenöl
1 Prise Galgantpulver
1 Spritzer Zitronensaft

Fenchel waschen, schälen und in der Küchenmaschine in feine Streifen hobeln. Das Fenchelgrün beiseite legen. Apfel vierteln, das Kerngehäuse entfernen und in Stücke schneiden. Zusammen mit den Fenchelstreifen, den Ananas- und Orangenstücken in eine Schüssel geben. Edamer in feine Streifen schneiden und darunter mischen. Aus Joghurt, Sonnenblumenöl und Galgantpulver eine Sauce zubereiten. Mit etwas Zitronensaft abschmecken. Salatsauce unter den Fenchelsalat heben und mit Fenchelgrün garnieren. Dazu schmeckt Dinkelbrot.

Dinkelnudelsalat mit Rindfleisch und Käse

200 g Dinkelnudeln
200 g Rindfleisch, gekocht
2 Eier, hart gekocht
100 g Edamer
50 g Frischkäse
3 EL Weinessig
6 EL Schlagsahne
$^{1}/_{2}$ TL Senf
Jeweils 1 Prise Galgant und Bertram
Salz nach Belieben
1 EL Petersilie, fein gehackt

Dinkelnudeln in Salzwasser bissfest kochen und abkühlen lassen. Rindfleisch, Eier und Edamer in Würfel schneiden und zu den Dinkelnudeln geben. Aus Frischkäse, Weinessig, Schlagsahne, Senf, Galgant, Bertram und Salz eine Salatsauce herstellen und über die Nudeln geben. Gut durchziehen lassen. Vor dem Servieren mit gehackter Petersilie bestreuen.

Kopfsalat mit Rosenblättern

2 grüne Kopfsalat
5 EL Kräuteröl
3 EL Weinessig
3 EL Zitronensaft
1 TL scharfer Senf
1 Hand voll frische Kräuter (zum Beispiel Zitronenmelisse, Petersilie, Dill, Liebstöckel, Schnittlauch, Kerbel), klein gehackt
Salz und schwarzer Pfeffer nach Belieben
2 Eier, hart gekocht
8–10 frische, ungespritzte Rosenblütenblätter

Kopfsalat waschen, trocken schleudern und in mundgerechte Stücke zupfen. In einer Schüssel Kräuteröl, Weinessig, Zitronensaft und Senf gut verrühren und die gehackten Kräuter unterrühren. Mit Salz und Pfeffer abschmecken. Hart gekochte Eier klein hacken und in die Marinade geben. Den Kopfsalat auf Tellern anrichten, die Salatsauce darüber geben und mit Rosenblütenblättern verzieren. Dazu schmecken Dinkelbratlinge.

Selleriesalat

600 g Sellerie
300 g Äpfel
1 TL Zitronensaft
3 EL Sonnenblumenöl

3 EL Weinessig
3 EL Sauerrahm
Salz nach Belieben
Jeweils 1 Prise Galgant und Bertram
3 EL gehackte Walnüsse
Sellerie waschen, schälen und fein raspeln. In kochendem Wasser ca. zwei Minuten blanchieren. Dann mit kaltem Wasser abschrecken. Äpfel schälen, grob raspeln und mit Zitronensaft beträufeln, damit sie nicht braun werden. Aus Sonnenblumenöl, Weinessig, Sauerrahm, Salz, Galgant und Bertram eine Salatsauce zubereiten und mit dem Sellerie und den Äpfeln vermischen. Mindestens eine halbe Stunde ziehen lassen und vor dem Servieren mit gehackten Walnüssen bestreuen.

Zucchinisalat mit Himbeer-Vinaigrette
4 mittelgroße Zucchini
Salz zum Bestreuen
1 kleine Zwiebel, fein gehackt
5 EL Sonnenblumenöl
2 EL Himbeeressig
(oder Weinessig)
Jeweils 1 Prise Galgant-
und Bertrampulver
2 EL Dill, fein gehackt

Zutaten für den Himbeeressig:
200 g Himbeeren
$^1/_2$ l trockener Weißwein
Zubereitung Himbeeressig:
Himbeeren in eine Glasflasche geben, mit Weißwein auf-

füllen und 14 Tage an einem hellen Ort ziehen lassen. Dann den aromatischen Essig durch ein Sieb abseihen. Die Zucchini mit dem Gurkenhobel in feine Scheiben schneiden, salzen und eine halbe Stunde mit Wasser bedecken. Dann abgießen, die Masse in ein Geschirrtuch geben und fest ausdrücken. Die Zwiebel kurz andünsten, mit Sonnenblumenöl, Himbeeressig, Galgant- und Bertrampulver mischen und den Dill dazugeben. Die Himbeer-Vinaigrette eine halbe Stunde ziehen lassen. Zucchini auf vier Tellern anrichten und mit der Vinaigrette übergießen.

Vorspeisen

Neben Suppe oder Salat bringen Vorspeisen Abwechslung auf den Tisch. Einige Vorspeisen können auch als kleines Hauptgericht gegessen oder Gästen zu einem Glas Wein serviert werden.

Wildpastetchen mit Edelkastanien

Für den Teig:

250 g Dinkelfeinmehl
1 Prise Weinsteinbackpulver
1 Prise Galgant
1 Prise Fenchel
1 TL Salz
250 g Butter

250 g Quark
Hülsenfrüchte zum Blindbacken
Für die Füllung:
200 ml Wasser
200 g geschälte Edelkastanien
2 Prisen Salz
300 g Reh- oder
Hirschschnitzelfleisch
2 Zwiebeln, fein gehackt
1 TL Butter
30 g Dinkelfeinmehl
150 ml Rotwein
1 EL Petersilie
50 ml Schlagsahne
Salz und schwarzer Pfeffer nach Belieben

Für die Zubereitung des Teiges Dinkelfeinmehl, Weinsteinpulver, Galgant, Fenchel und Salz mischen. Butter in Flöckchen schneiden, den Quark dazugeben und alle Zutaten schnell zu einem glatten Teig verarbeiten. Den fertigen Teig ca. eine Stunde in den Kühlschrank stellen. Dann dünn ausrollen, doppelt einschlagen, wieder einschlagen und erneut ausrollen. Den Teig in vier Teile schneiden und in Pastetenförmchen füllen. Mit Backpapier bedecken, mit den trockenen Hülsenfrüchten belegen und anschließend bei 180 °C ca. 15 Minuten blind backen.

Für die Füllung: Das Wasser zusammen mit den Kastanien und dem Salz in einen Kochtopf geben und 15 Minuten bei schwacher Hitze köcheln lassen. Dann die Kastanien abgießen und grob hacken. Reh- oder Hirschschnitzelfleisch unter kaltem Wasser abspülen und in feine Streifen schneiden. Beide Zwiebeln fein hacken. Butter in einer Pfanne erhitzen, die Hälfte der Zwiebelwürfel und das Fleisch hinzufügen und dünsten. Die Kastanien beimengen und kurz anbraten. In einem weiteren Topf die restlichen Zwiebelwürfel in Butter anbraten, Dinkelfeinmehl hinzufügen und umrühren. Die Mehlschwitze mit Rotwein ablöschen, kräftig umrühren und kurz aufkochen lassen. Mit gewaschener, fein gehackter Petersilie, Schlagsahne, Salz und Pfeffer abschmecken und ca. 15 Minuten leicht kochen lassen. Kastanien und Geschnetzeltes zugeben und kurz darin erwärmen. Die noch warmen Pastetchen damit füllen und sofort servieren.

Zwiebel-Bruschetta

4 Scheiben altbackene oder frische Dinkelbrotscheiben
1 große Zwiebel, fein gehackt
Salz zum Bestreuen
2 EL Sonnenblumenöl
$^1/_2$ TL Quendel, frisch oder gerebelt
1 Prise Galgant

Dinkelbrotscheiben toasten und auskühlen lassen. Die Zwiebel in Ringe schneiden, mit Salz bestreuen und eine halbe Stunde ziehen lassen. Die Masse in ein Tuch geben, den Saft ausdrücken und mit Sonnenblumenöl und Quendel mischen. Mit Galgant abschmecken. Die Masse auf die Dinkelbrotscheiben verteilen und bei 180 °C 10 Minuten backen.

Dinkelgerichte

Der optimale Start in den Tag beginnt nach Hildegard von Bingen bereits mit Dinkel. Ob als Habermus, Knuspermüsli oder selbst gebackenes Brot – besser kann ein ausgewogenes Frühstück nicht schmecken. Mit einem Eiweißanteil von über 13 Prozent (zum Beispiel enthalten 1,3 kg Dinkel 200 g pflanzliches Eiweiß, bedeutend mehr als Weizen) im Dinkelmehl, 70 Prozent Kohlenhydraten, ca. 2,5 Prozent Fett, wichtigen Vitaminen – vor allem aus der B-Gruppe – und Mineralstoffen (Kalium, Eisen und Phosphor) ist Dinkel auch aus heutiger ernährungsphysiologischer Sicht ein ideales Getreide.

Da Dinkelkost den Appetit anregt, die Stimmung hebt, die Leistungsfähigkeit steigert, Stoffwechselerkrankungen, Magen-Darm-Krankheiten und Bluthochdruck lindern kann, ist sie sowohl für Gesunde als auch für Kranke ideal. Im folgenden Rezeptteil finden sich eine Reihe von Grundrezepten, aber auch raffinierte Gerichte, die selbst Gourmets überzeugen werden, sind angeführt.

Schwäbischer Habermus

2 Tassen Wasser
1 Tasse Dinkelschrot
1 Apfel, gerieben
1 Messerspitze Galgantpulver
1 Messerspitze Bertrampulver
2 TL feiner Rohrzucker
Zimtpulver nach Belieben

Wasser in einen kleinen Topf geben, den Dinkelschrot einrühren und unter Rühren vorsichtig 5 Minuten aufkochen. Den geriebenen Apfel, Galgant, Bertram und Rohrzucker hinzugeben und 10 Minuten bei schwacher Hitze quellen lassen. Mit Zimt bestreut servieren, eventuell mit Mandelblättchen verfeinern und warm genießen. Man kann den fertigen Habermus auch mit Obstkompott mischen oder mit einem Teelöffel Kornelkirschen-, Mispel- oder Quittenmarmelade servieren.

Knuspermüsli

1 Vanilleschote
150 g Butter
3 EL Sonnenblumenöl
150 g Honig, kaltgeschleudert
150 g Rohrzucker
700 g Dinkelflocken
100 g Mandeln, fein gehackt
100 g Sesamsaat
100 g Sonnenblumenkerne
1 TL Bertrampulver
1 TL Galgantpulver

1 TL Nelkenpulver
1 TL Zimt
Vanilleschote halbieren und das Mark auskratzen. Butter in Flöckchen schneiden. Mit Sonnenblumenöl, Honig und Rohrzucker mischen und langsam unter Rühren erhitzen. Dinkelflocken, Mandeln, Sesam, Sonnenblumenkerne, Vanillemark, Bertram, Galgant, Nelken und Zimt gut unterrühren. Die Masse auf ein mit Backfolie ausgelegtes Blech streichen und bei 140 °C auf der mittleren Schiene des Backofens 35 Minuten rösten. Dabei mehrmals umrühren. Mit Milch, Quark oder Joghurt genießen.

Dinkel-Karotten-Brötchen
1 Würfel frische Hefe
350 ml lauwarmes Wasser
30 g Salz
600 g Dinkelvollkornmehl
200 g Karotten, fein geraspelt
60 g Walnüsse, grob gehackt
Buttermilch zum Bestreichen
Die zerbröckelte Hefe im lauwarmen Wasser auflösen, Salz und das Dinkelvollkornmehl dazugeben und gut durchkneten. Teig zugedeckt an einem warmen Ort ca. 30 Minuten gehen lassen. Der Teig sollte das doppelte Volumen und an der Oberfläche kleine Bläschen aufweisen. Restliche Zutaten unter den Teig kneten. Aus dem Teig 20–25 Brötchen formen, auf ein mit Backpapier ausgelegtes Blech setzen, mit Buttermilch bestreichen und zugedeckt ein weiteres Mal gehen lassen. Brötchen bei

190 °C in den vorgeheizten Backofen schieben und ca. 15 bis 20 Minuten backen. Auf einem Kuchengitter auskühlen lassen.

Dinkel-Kastanien-Brot

125 ml Milch
125 ml Wasser
200 g Dinkelschrot
1 Würfel frische Hefe
200 g Dinkelmehl
2 EL Kastanienmehl
1 gestrichener TL Salz
1 Prise Bertram
1 Prise Galgant
Butter für die Form

Milch, Wasser und Dinkelschrot miteinander vermengen und ca. zwei Stunden quellen lassen. Hefebröckchen vorsichtig untermengen und nochmals 10 Minuten stehen lassen. Dann Dinkel- mit dem Kastanienmehl mischen, Salz, Bertram und Galgant hinzufügen und zu dem Dinkelschrot geben. Alles gut durchkneten. An einem warmen Ort eine halbe Stunde gehen lassen, durchkneten und nochmals eine halbe Stunde gehen lassen. Den Teig erneut durchkneten und in eine gefettete Brotbackform geben. Mit Wasser bepinseln, mehrere Male einschneiden und bei vorgeheiztem Backofen bei 250 °C auf der mittleren Schiene 20 Minuten backen. Den Ofen auf 200 °C herunterschalten und den Teig auf der unteren Schiene eine Stunde fertig backen. Bei ausgeschaltetem Ofen noch 10 Minuten ruhen lassen.

Fenchelbrot

30 g frische Hefe
$^1/_2$ l Wasser
550 g Dinkelvollkornmehl
300 g Dinkelfeinmehl
100 g Butter
15 g Salz
25 g Fenchelsamen

Die zerbröckelte Hefe in lauwarmes Wasser geben, verrühren und 10 Minuten ruhen lassen. Beide Mehlsorten mischen, in eine Schüssel geben und Hefeansatz darüber geben. Ordentlich durchkneten. Die Butterflöckchen hinzufügen und weiter kneten. Salz und Fenchelsamen zum Schluss in den Teig kneten. Den Teig in 8 Stücke teilen und kleine Laibe daraus formen. 1 Stunde an einem warmen Ort gehen lassen. Die Teigkugeln auf ein mit Backpapier ausgelegtes Backblech legen und mit einem Messer einschneiden. Bei 200 °C auf der oberen Schiene des Backofens ca. 30 Minuten backen. Auskühlen lassen.

Sauerteig-Dinkel-Brot

10 g frische Hefe
600 ml lauwarmes Wasser
550 g Dinkelfeinmehl
3 TL Salz
350 g Weizenmehl

Hefe zerkrümeln und in 300 ml lauwarmem Wasser auflösen. 10 Minuten ruhen lassen. Nach und nach 300 g Dinkelmehl einrühren, zu einem Vorteig verarbeiten und mit einem Geschirrtuch abgedeckt an einem warmen Ort 24 Stunden gehen lassen. Der Vorteig ist fertig, wenn er leicht grau und blasig wird. Dann das restliche (lauwarme) Wasser, Salz und das restliche Dinkel- und Weizenmehl unterarbeiten. Den Teig kräftig kneten, bis er nicht mehr klebrig ist. In eine große Schüssel geben und abgedeckt 3 Stunden in einem kühlen Raum auf das doppelte Volumen gehen lassen. Nochmals kräftig durchkneten, zu einem Laib formen und auf ein mit Mehl bestäubtes Backblech legen. Dort abgedeckt noch einmal ca. 2 Stunden gehen lassen. Den Backofen auf 220 °C vorheizen, den Brotlaib mit dem Messer mehrfach einritzen und 20 Minuten bei dieser Temperatur backen. Anschließend Hitze auf 200 °C reduzieren und weitere 15 Minuten backen. Herausnehmen und auskühlen lassen.

Dinkel-Buchweizen-Brot

1 Würfel frische Hefe
$^{1}/_{2}$ l lauwarmes Wasser
400 g Dinkelvollkornmehl
100 g Buchweizenmehl
3 EL Sonnenblumenöl
80 g Leinsaat
80 g Sonnenblumenkerne
2–3 EL Kürbiskerne
2 EL Obstessig
2 TL Salz

Butter für die Form
80 g Sesam zum Bestreuen
Die zerbröckelte Hefe in Wasser auflösen. Mit dem Mehl, dem Sonnenblumenöl und den anderen Zutaten zu einem festen Teig verarbeiten und an einem warmen Ort ca. 30 Minuten gehen lassen, durchkneten und nochmals 30 Minuten gehen lassen. Erneut durchkneten und in eine gebutterte Brotbackform geben. Mit Sesam bestreuen und bei 220 °C ca. eine Stunde backen, herausnehmen und auskühlen lassen.

Grissini aus Dinkelmehl
$^1/_4$ Würfel Hefe
250 ml lauwarmes Wasser
$^1/_2$ TL Rohrzucker
500 g Dinkelfeinmehl
4 EL Sonnenblumen- oder Walnussöl
1 TL Salz
$^1/_2$ TL Galgant
Milch zum Bestreichen
Sesam, Mohn oder gehackte Kürbiskerne zum Bestreuen
Hefe zerbröckeln und in 100 ml lauwarmem Wasser zusammen mit dem Rohrzucker auflösen. In das Mehl eine Mulde drücken. Aufgelöste Hefe hinzugeben und mit etwas Mehl bedecken. Wenn das Mehl nach ca. 10 Minuten Risse zeigt, Öl, Salz, Galgant und das restliche lauwarme Wasser beifügen. Alle Zutaten zu einem geschmeidigen Hefeteig verarbeiten. Den Teig 60 Minuten zugedeckt mit einem Küchentuch an einem warmen Ort gehen lassen. Mehl auf die Arbeitsfläche geben, ca. 1 cm

dick ausrollen und in 1 cm breite Streifen schneiden. Die Teigstücke mit Milch bestreichen und in Sesam, Mohn oder gehackten Kürbiskernen wälzen. Die Grissini auf ein mit Backpapier ausgelegtes Blech legen und bei 220 °C auf mittlerer Schiene 10 Minuten backen. Kurz auskühlen lassen und nochmals für zwei Minuten in den Backofen schieben, damit die Grissini knuspriger werden.

Dinkelgrütze

1 kg Dinkelgrütze (geschnittenes Dinkelkorn)
2 l Wasser
Jeweils 1 Prise Bertram, Galgant und Quendel
Salz nach Belieben

Dinkelgrütze in ein Sieb geben und kalt abspülen. Wasser in einen Topf geben, Dinkelgrütze hinzufügen und aufkochen lassen. Bertram, Galgant und Quendel unterrühren und ca. 20 Minuten bei schwacher Hitze kochen lassen. Salzen und weitere 20 Minuten nachquellen. Die Dinkelgrütze eignet sich hervorragend als Beilage. Man kann aber auch Gemüse damit füllen oder aus der Masse Bratlinge formen und diese in Butterschmalz von beiden Seiten goldbraun braten.

Gebackene Dinkelkörner

500 g ganze Dinkelkörner
1 l Wasser
1 TL Salz
200 g Butter
Jeweils 1 Prise Bertram und Galgant

1 Fenchelknolle
1 Becher Crème fraîche
Die Dinkelkörner unter fließendem kalten Wasser gut waschen. Dann über Nacht in 1 l gesalzenem Wasser einweichen lassen. Am nächsten Morgen 150 g der Butter in Flöckchen schneiden und zusammen mit den aufgeweichten Dinkelkörnern in einem Dampfkochtopf 40 Minuten garen. Die Masse abkühlen lassen und dann auf ein mit Backpapier ausgelegtes Blech streichen. Das Backblech mit der Masse eine Stunde lang kalt stellen. Die restliche Butter in einem kleinen Topf leicht bräunen und mit Bertram und Galgant würzen. Die gekühlte Dinkelkornmasse damit beträufeln und auf der mittleren Schiene des vorgeheizten Backofens bei 200 °C backen. Fenchelknolle in kleine Stückchen schneiden und unter die Crème fraîche geben. Die gebackene Dinkelkornmasse in Stücke schneiden und mit der Fenchel-Creme servieren.

Dinkelnudeln
400 g Dinkelfeinmehl
2 EL Dinkelgrieß
4 Eier oder 100 ml Wasser
$^1/_2$ TL Galgantpulver
Salz nach Belieben
Dinkelmehl und -grieß vermischen, auf die Arbeitsfläche geben und in die Mitte eine Mulde drücken. Eier (oder Wasser) mit Galgantpulver und Salz verquirlen und in die Mulde geben. Von außen nach und nach das Mehl einarbeiten, bis ein geschmeidiger Nudelteig entsteht. Etwas Mehl darüber streuen, auf eine gut bemehlte Arbeitsfläche ge-

ben und 30 Minuten ruhen lassen. Anschließend den Nudelteig dünn ausrollen und 15 Minuten antrocknen lassen. Mit einem Teigrad Nudeln in gewünschter Form ausschneiden. Die fertigen Nudeln in einen großen Topf mit kochendem Salzwasser geben und 3 Minuten garen.

Dinkelsemmelknödel

500 g altbackene Dinkelbrötchen
1/4 l Milch, lauwarm
2 EL Butter
1 Zwiebel, fein gehackt
1 Bund frische Petersilie, fein gehackt
3 Eier
Salz und schwarzer Pfeffer nach Belieben

Die Brötchen in kleine Stücke schneiden und in lauwarmer Milch einweichen. Butter in eine Pfanne geben, Zwiebel und Petersilie darin kurz andünsten und mit den Eiern unter die eingeweichten Brötchen kneten. Den Knödelteig mit Salz und Pfeffer würzen, ca. 15 Minuten stehen lassen und anschließend mit den Händen Knödel formen. In einem großen Topf Wasser zum Kochen bringen und darin die Knödel ca. 20 Minuten bei schwacher Hitze garen. Schmeckt hervorragend zu Wildgerichten. Übrig gebliebene Knödel in Butter goldbraun braten und mit Salat servieren.

Dinkelspaghetti mit Tomaten, Basilikum und Mandelblättchen

500 g aromatische Tomaten (zum Beispiel Roma-Tomaten)
2 EL Olivenöl

4 Knoblauchzehen, fein gehackt
Salz und schwarzer Pfeffer nach Belieben
1 Prise Rohrzucker
300 g Dinkelspaghetti
100 g geröstete Mandelblättchen
10–12 Blättchen Basilikum

Tomaten in kleine Stückchen schneiden. Olivenöl in eine Pfanne geben und Knoblauch darin glasig dünsten. Tomatenstückchen hinzugeben und unter Rühren bei schwacher Hitze kochen lassen. Mit Salz, Pfeffer und einer Prise Rohrzucker abschmecken. Dinkelnudeln bissfest kochen und abtropfen lassen. Mandelblättchen in einer Pfanne ohne Fett unter ständigem Rühren anrösten. Nudeln auf Teller verteilen, gedünstete Tomatenstückchen darüber geben, mit gerösteten Mandelblättchen bestreuen und mit Basilikum garnieren.

Dinkelnudel-Soufflé

200 g Dinkeleiernudeln
1 EL Butter
1 Zwiebel, fein gehackt
40 g Dinkelfeinmehl
100 ml trockener Weißwein
200 ml Milch
Schwarzer Pfeffer nach Belieben
1 Prise Muskatnuss, frisch gerieben
Salz nach Belieben
4 Eier
100 g Greyerzer, gerieben
Butterschmalz für die Form

Dinkelnudeln in Salzwasser „al dente" kochen und anschließend in einem Sieb gut abtropfen lassen. Butter in einer Pfanne zerlassen, Zwiebel darin andünsten, Dinkelfeinmehl beigeben und unter Rühren eine Mehlschwitze herstellen. Mit Weißwein und Milch ablöschen. Mit Pfeffer, Muskat und Salz abschmecken. Die Sauce abkühlen lassen. Eier trennen und das Eigelb und den geriebenen Käse unterrühren. Eiweiß steif schlagen und vorsichtig unter die Sauce heben. Die Dinkelnudeln schichtweise mit der Käsesauce in eine gefettete Auflaufform geben und bei 180 °C auf der mittleren Schiene des Backofens ca. 30 bis 40 Minuten goldgelb backen. Dazu schmeckt Kopfsalat mit Rosenblättern.

Dinkelburger

300 g grobe Dinkelflocken
300 ml Milch (oder Wasser)
2 Eier
Salz und schwarzer Pfeffer nach Belieben
3 Möhren, fein geraspelt
1 kleine Zucchini, fein geraspelt
1 kleine Fenchelknolle, fein geraspelt
1 Zwiebel, fein gehackt
1 EL Butterschmalz
1 Bund frische Petersilie, fein gehackt
1 Bund frischer Schnittlauch, fein gehackt
3–4 Blätter Beinwell
3–4 Blätter Salbei
300 g Rinderhack
$^1/_2$ TL Galgant

$^{1}/_{2}$ TL Quendel
Sonnenblumenöl zum Braten
Dinkelflocken in Milch aufweichen. Eier hinzufügen, mit Salz und Pfeffer würzen und 45 Minuten ziehen lassen. Möhren, Zucchini und Fenchel waschen, schälen, mit Hilfe der Küchenmaschine fein raspeln und gut mit der Dinkelmasse vermengen. Zwiebel in etwas Butterschmalz kurz andünsten. Petersilie, Schnittlauch, Beinwell und Salbei hinzufügen und kurz mitdünsten. Zu der Dinkelmasse geben. Rinderhack hinzugeben und alles gut durchkneten. Mit Galgant, Quendel, Salz und schwarzem Pfeffer abschmecken. Aus der Masse Hamburger formen und in heißem Sonnenblumenöl von beiden Seiten ca. 4 Minuten braten. Die Dinkelburger schmecken auch ohne Rinderhack.

Gemüsegerichte

Gemüse wurde im Mittelalter kaum gegessen, und wenn, dann hauptsächlich zur Erntezeit im Frühling und Sommer. Hildegard von Bingens bevorzugtes Gemüse ist der

Fenchel. Aber auch Kürbis, Kichererbse und (gegarter) Sellerie gehören zu den empfohlenen Sorten.

Möhren, Pastinaken und Linsen hingegen lässt die Benediktiner-Äbtissin nur eingeschränkt gelten. Sie dienen als „Magenfüller" und haben ihrer Meinung nach keine positive oder negative Auswirkung auf den menschlichen Organismus.

Kohl, Gurken und Sauerampfer sollten nach Auffassung von Hildegard von Bingen nicht auf dem Speiseplan stehen, da ihr Genuss sowohl gesunden als auch kranken Menschen schaden könne.

Kürbis süß-sauer

2 kg Kürbis, in kleine Würfel geschnitten
2 Zitronen
1 l Wasser
$^{3}/_{4}$ l Weinessig
500 g feiner Rohrzucker
1 Zimtstange
6 Gewürznelken
1 Prise Galgant

Den Kürbis schälen, entkernen und in kleine Würfel schneiden. Schale der beiden Zitronen abreiben, Saft auspressen. Kürbiswürfel zusammen mit Wasser, Weinessig, Rohrzucker, Zimtstange, Gewürznelken, Galgant, Zitronensaft und -schale in einen weiten Topf geben, gut miteinander verrühren und ca. 12 Minuten köcheln lassen. Wenn die Kürbisstückchen bissfest sind, in Einmachgläser füllen und gut verschließen. Dazu schmeckt als Beilage Dinkelbrot.

Gratiniertes Kürbisgemüse

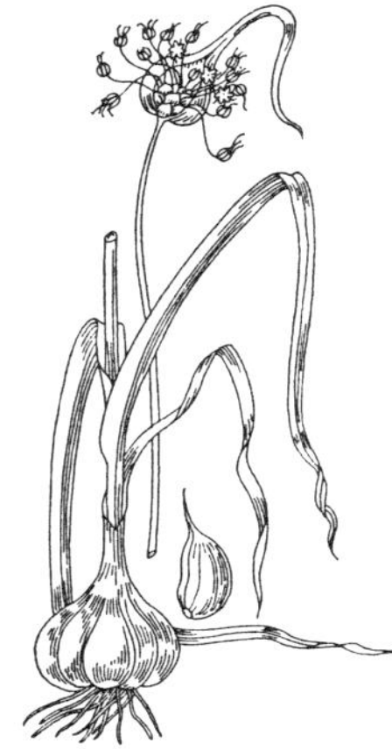

1 kleiner Kürbis (ca. 1 kg)
1 Zwiebel, fein gehackt
1 Knoblauchzehe, zerdrückt
1 TL Butterschmalz
1 TL Quendel
Salz nach Belieben
1 EL frische Petersilie, fein gehackt
1 EL frischer Dill, fein gehackt
1 EL frischer Beifuß, fein gehackt
2 Salbeiblätter
Jeweils 1 Prise Galgant und Bertram
1 Messerspitze Muskatnusspulver
1–2 EL Weinessig
Fett für die Form
200 g geriebener Hartkäse zum Überbacken
(zum Beispiel Greyerzer oder mittelalter Gouda)

Den Kürbis schälen, entkernen und in kleine Würfel schneiden. Zwiebel und Knoblauch in Butterschmalz andünsten und die Kürbisstückchen hinzugeben. Mit Quendel und Salz würzen und ohne Wasserzugabe garen. Die Kräuter und die Gewürze beimengen und kurz mitgaren. Mit Weinessig abschmecken. Kürbisgemüse in eine gefettete Gratinform geben, mit geriebenem Käse bestreuen und bei 200 °C auf der mittleren Schiene des Backofens ca. 20 Minuten gratinieren.

Kürbispfannkuchen

200 g feiner Dinkelschrot
4 Eier

2 EL Schlagsahne
2 EL Sonnenblumenkerne
1 Messerspitze Ysop
1 Messerspitze Galgant
1 Messerspitze Bertram
1 Messerspitze Fenchelsamen
1 Messerspitze Quendel
Salz nach Belieben
250 g Kürbis, fein geraspelt
Butterschmalz zum Braten

Dinkelschrot mit Eiern und Schlagsahne mischen. Sonnenblumenkerne, Ysop, Galgant, Bertram, Fenchelsamen und Quendel hinzufügen und mit Salz abschmecken. Das fein geraspelte Kürbisfleisch untermengen. Butterschmalz in einer Pfanne schmelzen und portionsweise den Teig von beiden Seiten goldbraun backen. Dazu schmeckt Blattsalat.

Topinambur-Gemüse

600 g Topinambur
Jeweils 1 Prise Galgant und Bertram
Salz nach Belieben
3 EL Butterschmalz
1 $^{1}/_{2}$ Tassen Dinkelbrösel

Topinambur schälen und 5 Minuten in Salzwasser bissfest kochen. Abgießen und mit Galgant, Bertram und Salz würzen. 1 EL Butterschmalz in eine Pfanne geben und den gewürzten Topinambur darin schwenken. In einer weiteren Pfanne restliches Butterschmalz erhitzen und die Dinkelbrösel darin goldbraun braten. Anschließend den Topinambur in den Bröseln wälzen, auf Tellern anrichten und sofort servieren.

Gefüllte Zwiebeln

8 mittelgroße rote oder weiße Zwiebeln
Salz nach Belieben
1 EL Butterschmalz
100 g Shiitakepilze
1 $^1/_2$ Tassen Dinkelkörner
100 ml trockener Weißwein
Jeweils 1 Prise Bertram und Galgant
$^1/_2$ Bund frische Petersilie, fein gehackt
Fett für die Form
100 g Mozzarella

Die Zwiebeln schälen und am Stilansatz ein Deckelchen abschneiden. 7 Minuten in Salzwasser kochen, danach abgießen und kalt abschrecken. Die Zwiebeln vorsichtig aushöhlen. Das ausgelöste Zwiebelfleisch fein hacken und in Butterschmalz glasig dünsten. Die Shiitakepilze waschen, putzen und fein schneiden. Zusammen mit den Dinkelkörnern zu den Zwiebeln geben und kurz mitdünsten. Mit Weißwein ablöschen und mit Bertram, Galgant und Salz würzen. Petersilie zufügen und gut umrühren. Die ausgehöhlten Zwiebeln in eine gefettete Auflaufform setzen, mit der Masse füllen und die Deckelchen darauf setzen. Bei 180 °C auf der mittleren Schiene des Backofens 10 Minuten backen. Den in Scheiben geschnittenen Mozzarella darüber verteilen und noch einmal 10 Minuten überbacken. Auf Teller verteilen und warm servieren.

Gemüselaibchen mit Kräuterdip

Für die Gemüselaibchen:

100 g Dinkelflocken
3 EL Dinkelvollkornmehl
2 EL Sonnenblumenkerne
50 ml Milch (oder Wasser)
Jeweils 1 Prise Galgant, Bertram, Quendel und Ysop
Salz nach Belieben
2 Eier
330 g Gemüse der Saison
Butterschmalz zum Braten

Für den Kräuterdip:

500 g Joghurt
1 Bund frische Petersilie
1 Bund frischer Schnittlauch
1 Bund frisches Basilikum
1 Bund frischer Kerbel
Salz nach Belieben

Dinkelflocken, Dinkelmehl, Sonnenblumenkerne, Milch, Galgant, Bertram, Quendel, Ysop und Salz vermischen. Eier trennen und das Eigelb unterziehen. Dann das Gemüse (zum Beispiel Fenchel, Zucchini, Möhren) waschen, mit einem Gemüsehobel in feine Streifen schneiden und alles miteinander vermischen. Das Eiweiß zu einem lockeren Schnee schlagen und unterheben. Butterschmalz in eine Pfanne geben und die Masse portionsweise von beiden Seiten goldbraun braten. Für den Kräuterdip Joghurt durch ein mit einem Geschirrtuch ausgelegtes Sieb abtropfen lassen. Kräuter waschen, fein hacken, unterrühren und mit Salz abschmecken. Zusammen mit den Gemüselaibchen anrichten und servieren.

Fenchelschiffchen

4 Fenchelknollen
Salz nach Belieben
Fett für die Form
1 Zwiebel, fein gehackt
1 EL Butterschmalz
1 Schuss trockener Weißwein
Jeweils 1 Prise Galgant und Bertram
200 g Mozzarella
4 EL geröstete Dinkelbrösel

Die Fenchelknollen in Salzwasser 5 Minuten garen. Äußere Blätter ablösen und in eine gefettete Auflaufform geben. Restlichen Fenchel in Würfel schneiden. Die Zwiebel im Butterschmalz dünsten, Fenchelwürfel hinzufügen, mitdünsten und mit einem Schuss Weißwein verfeinern. Mit Galgant, Bertram und Salz vermischen und die Masse abkühlen lassen. Mozzarella in kleine Würfel schneiden, mit dem Gemüse mischen und in die Fenchelblätter füllen. Mit gerösteten Dinkelbröseln bestreuen und bei 180 °C auf der mittleren Schiene des Backofens 15 Minuten backen. Sofort servieren.

Gemüsewähe

Für den Teig:
500 g Dinkelfeinmehl
250 g Quark
100 ml Sonnenblumenöl

1 TL Weinsteinbackpulver
1 Prise Galgant
$^1/_2$ TL Salz
Für den Belag:
250 g Schlagsahne
3 Eier
1 Messerspitze Muskatnuss, frisch gerieben
1 Prise Galgant
Salz nach Belieben
150 g geraspelter Bergkäse
Butterschmalz für das Backblech
500 g Gemüse der Saison
1 TL Fenchelsamen

Aus Dinkelmehl, Quark, Sonnenblumenöl, Weinsteinbackpulver, Galgant und Salz einen geschmeidigen Teig zubereiten und einige Stunden im Kühlschrank ruhen lassen. Für den Belag Schlagsahne, Eier, Muskatnuss, Galgant und Salz miteinander vermischen, bis ein cremiger Guss entsteht. Dann den Bergkäse hinzufügen. Teig auf einer bemehlten Arbeitsfläche dünn ausrollen. Die Hälfte der Teigmenge auf einem gefetteten Wähenblech verteilen, mit dem in feine Streifen geschnittenen Gemüse belegen, Fenchelsamen darüber streuen und mit dem Guss übergießen. Bei 180 °C auf der mittleren Schiene des Backofens ca. 50 Minuten backen, bis der Guss goldbraun ist. Die Gemüsewähe in Stücke schneiden und servieren. Das Gericht schmeckt übrigens auch kalt noch am nächsten Tag. Manche meinen sogar, dass diese Gemüsewähe kalt noch besser schmeckt als warm.

Fenchelgratin

4 Fenchelknollen mit Fenchelgrün
Fett für die Form
200 ml Schlagsahne
1 Becher Crème fraîche
1 Knoblauchzehe, zerdrückt
100 g Parmesan, gerieben
Jeweils 1 Prise Galgant und Bertram
Salz nach Belieben
Schwarzer Pfeffer nach Belieben

Fenchelknollen waschen, halbieren, den harten Strunk entfernen und mit dem Gemüsehobel in dünne Scheiben hobeln. Das Fenchelgrün beiseite legen. Fenchelscheiben in Wasser ca. 10 Minuten garen, gut abtropfen lassen und in eine gefettete Gratinform geben. Schlagsahne, Crème fraîche, Knoblauchzehe und Parmesan verrühren. Den Sahneguss mit Galgant, Bertram, Salz und Pfeffer abschmecken und über die Fenchelscheiben gießen. Auf der mittleren Schiene des Backofens bei 220 °C ca. 10 bis 15 Minuten backen. Mit Fenchelgrün garnieren. Dazu schmeckt Dinkelreis.

Selleriegemüse mit Muskatnuss

2 große Sellerieknollen
1 EL Butter
1 Zwiebel, fein gehackt
1 TL Dinkelmehl
125 ml Gemüsebrühe (alternativ: Wasser)
2 Messerspitzen Muskatnuss, frisch gerieben
Salz und schwarzer Pfeffer nach Belieben

Die Sellerieknollen schälen und in dünne Scheiben schneiden. Die Butter in einen Topf zerlassen, Zwiebel hinzufügen und darin glasig dünsten. Mit Dinkelmehl bestreuen und anschließend mit Gemüsebrühe ablöschen. Muskatnuss und Selleriescheiben beigeben, mit Salz und Pfeffer abschmecken und bei geschlossenem Deckel ca. 45 Minuten garen.

Fleischgerichte

Fleisch ist für viele Menschen vom heutigen Speiseplan nicht mehr wegzudenken. Während Fleischgerichte im frühen Mittelalter nicht allzu häufig auf den Tisch kamen, lag der Pro-Kopf-Verbrauch an Fleisch in Deutschland im Jahr 2003 bei 61,5 kg (davon 55,9 kg Schweinefleisch). Mittlerweile ist bei Ernährungswissenschaftlern unumstritten, dass ein Zuviel an Fleisch den Körper übersäuert und zu ernährungsbedingten Krankheiten – zum Beispiel Gicht – führen kann. In der Hildegard-Küche muss trotzdem nicht komplett auf Fleisch verzichtet werden. Mit dem „rechten Maß" gegessen, bereichern Fleischgerichte den ausgewogenen und gesunden Speiseplan. Bereits in der Einführung wurde jedoch erwähnt, dass Hildegard von Bingen vom Schweinefleischverzehr abrät. Dafür gibt es eine Reihe anderer Fleischsorten, die in Maßen gegessen werden können. Hierzu zählen: Lamm, Rind, Kalb, Schaf und Ziege.

Osterlamm im Kräutermantel

4 Lammkoteletts oder Lammschnitzel à 200 g
Fett für die Form
Jeweils 1 Prise Galgant, Bertram und Quendel
1 Tasse frische Kräuter, fein gehackt (zum Beispiel Petersilie, Ysop, Quendel, Melde, Gundelrebe)
1 Tasse Dinkelbrösel
1 EL Sonnenblumenöl
2 Knoblauchzehen, fein gehackt
2 TL Salz
1 Prise Galgant

Das Lammfleisch waschen und in eine gefettete Gratinform legen. Mit Galgant, Bertram und Quendel würzen. Die Kräuter mit den Dinkelbröseln mischen, Sonnenblumenöl hinzufügen und daraus eine Paste bereiten. Diese mit Knoblauch, Salz und Galgant würzen und auf das Fleisch streichen. Ca. 20 Minuten bei 180 °C auf der mittleren Schiene des Backofens backen. Dazu schmeckt Dinkelreis.

Lammkeule mit Dinkel-Minze-Reis

2 Zitronen
2 kg ausgelöste Lammkeule
$^{1}/_{2}$ TL Galgant
200 g Joghurt
1 Zwiebel, fein gehackt
4 Knoblauchzehen, zerdrückt

1 EL frischer Ingwer, gerieben
1 EL Kreuzkümmel
1 EL Koriander, gemahlen
1 TL Kurkuma
1 TL Zimtpulver
Salz und schwarzer Pfeffer nach Belieben
Für den Dinkel-Minze-Reis:
1 EL Sonnenblumenöl
1 Zwiebel, fein gehackt
2 Tassen Dinkelreis
875 ml Hühner- oder Gemüsebrühe
25 g frische Minzeblättchen, fein gehackt

Zitronen auspressen. Lammkeule waschen, trocken tupfen und eine Tasche einschneiden. Mit Galgant einreiben und mit der Hälfte des Zitronensaftes beträufeln. Aus Joghurt, Zwiebel, Knoblauch, Ingwer, Kreuzkümmel, Koriander, Kurkuma, Zimt und dem restlichem Zitronensaft eine Marinade herstellen. Mit Salz und Pfeffer abschmecken. Lammkeule in eine große Schüssel geben, mit der Marinade begießen, wenden, damit das Fleisch gut überzogen ist, und abgedeckt über Nacht in den Kühlschrank stellen. Mit Küchengarn zusammenbinden. Bei 180 °C in einem Bräter ca. 1 $^1/_2$ Stunden schmoren. Regelmäßig mit der Marinade begießen. Lammkeule herausnehmen, 15 Minuten ruhen lassen und anschließend in Scheiben schneiden. Für den Dinkel-Minze-Reis Sonnenblumenöl in eine Pfanne geben, Zwiebel hinzufügen und 5 Minuten dünsten. Dinkelreis einstreuen und 2 Minuten anbraten. Mit Hühner- oder Gemüsebrühe ablöschen und zum Kochen bringen. Bei schwacher Hitze mit geschlossenem Deckel ca. 15 Minuten köcheln, bis die Flüssigkeit aufgesogen und der Reis weich ist. Minzeblättchen unterrühren und eventuell mit etwas Salz abschmecken. Mit den Lammkeulenscheiben auf Tellern anrichten und servieren.

Ziegenbraten mit Ysop und Kreuzkümmel

1 Ziegenrückenstück
2 Messerspitzen Kreuzkümmel
1 EL Salz
1 EL schwarzer Pfeffer
1 Bund Suppengemüse
$^1/_4$ l trockener Weißwein
5–6 Blättchen Ysop
2 Handvoll Bachbunge
1 EL Dinkelmehl zum Binden der Sauce

Den Ziegenrücken waschen, mit Kreuzkümmel einreiben, salzen und pfeffern. In einem Bratentopf das Fleisch von allen Seiten kräftig anbraten. Das fein gehackte Suppengemüse dazugeben und mit Weißwein ablöschen. Eventuell noch etwas Wasser oder Brühe hinzufügen. Ysop- und Bachbungeblättchen auf den Braten und in den Fond geben und bei 220 °C im Backofen ca. 60 Minuten garen. Den Fond mit Dinkelmehl andicken und mit dem restlichen Weißwein verfeinern. Dazu schmecken Dinkelnudeln.

„Orientalisches“ Hammelragout

$^1/_2$ TL Zimt
$^1/_2$ TL Nelkenpulver

3 Fädchen Safran
$^{1}/_{2}$ TL schwarzer Pfeffer
$^{1}/_{2}$ TL Kreuzkümmel
1 Messerspitze Muskatnuss, frisch gerieben
750 g mageres Hammelfleisch
2 EL Butterschmalz
2 Zwiebeln, fein gehackt
200 ml Wasser
2 Lorbeerblätter
50 g Rosinen
2 EL Honig, kalt geschleudert
Salz nach Belieben

Zimt, Nelkenpulver, Safran, schwarzen Pfeffer, Kreuzkümmel und Muskatnuss mischen. Das Hammelfleisch grob würfeln. Mit den gemischten Gewürzen einreiben und 2 Stunden ruhen lassen. Butterschmalz in einen Bräter geben, die Zwiebeln darin glasig dünsten. Anschließend das Hammelfleisch darin unter Rühren kräftig anbraten. Mit Wasser ablöschen, Lorbeerblätter und Rosinen hinzufügen und bei mittlerer Hitze ca. zwei Stunden schmoren lassen. Eventuell noch etwas Wasser oder Brühe hinzugeben. Mit Honig abschmecken und salzen. Dazu schmeckt Dinkelreis.

Roastbeef mit Kräuterkruste

1 kg Roastbeef
3–4 EL Sonnenblumenöl
Salz und schwarzer Pfeffer nach Belieben
Für die Kräuterkruste:
1 EL frische Melisse, fein gehackt

1 EL frische Petersilie, fein gehackt
1 EL frische Minze, fein gehackt
1 El frischer Liebstöckel, fein gehackt
1 EL frische Melde, fein gehackt
2–3 Majoranblättchen
1 Stängel Thymian
2–3 Rosmarinnadeln
2 Knoblauchzehen, fein gehackt
1 EL Sonnenblumenöl

Roastbeef mit Sonnenblumenöl einreiben, salzen, pfeffern und ca. zwei Stunden ziehen lassen. Dann Kräuter mit Knoblauch und 1 EL Sonnenblumenöl mischen, das Fleisch auf einen Bratrost legen und mit der Marinade bepinseln. Bei 220 °C ca. 30 Minuten rosig braten. Roastbeef aufschneiden und anrichten. Dazu schmecken Dinkelkörner.

Pikante Hackfleischtaschen mit Kräutersauce

Für den Teig:
250 g Dinkelweißmehl
2 Eier
1 EL Sonnenblumenöl
2–3 EL Wasser
$^{1}/_{2}$ TL Salz

Für die Füllung:
400 g Rinderhack
1 Ei
1 Zwiebel, fein gehackt
1 Knoblauchzehe, zerdrückt

Jeweils 1 Prise Galgant, Quendel und Ysop
Salz nach Belieben
Für die Kräutersauce:
1 EL Butterschmalz
1 Zwiebel, fein gehackt
2 Becher saure Sahne
1 EL frische Petersilie, fein gehackt
1 EL Schnittlauchröllchen
1 EL frischer Kerbel, fein gehackt
1 EL frisches Basilikum, fein gehackt
Jeweils 1 Prise Galgant, Bertram und Quendel
Salz nach Belieben

Dinkelmehl in eine Schüssel geben. Mit Eiern, Sonnenblumenöl, Wasser und Salz zu einem Teig verarbeiten und $^1/_2$ Stunde ruhen lassen. Währenddessen Rinderhack mit Ei, Zwiebel, Knoblauch, Galgant, Quendel, Ysop und Salz verkneten. Butterschmalz in einer Pfanne schmelzen, Zwiebel darin andünsten und saure Sahne, Petersilie, Schnittlauch, Kerbel und Basilikum hinzufügen. Mit Galgant, Quendel, Bertram und Salz abschmecken und warm stellen. Den Teig auf einer bemehlten Arbeitsfläche dünn ausrollen und runde Plätzchen mit einem Durchmesser von 6–8 cm ausstechen. Jeweils einen Esslöffel Fleischfüllung darauf verteilen, Plätzchen zur Hälfte überschlagen und die Teigränder fest zusammendrücken. Die Hackfleischtaschen in Salzwasser bei schwacher Hitze 10 bis 15 Minuten ziehen lassen. Mit einem Schaumlöffel herausheben und auf Tellern anrichten. Mit der warmen Kräutersauce übergießen und servieren. Falls Hackfleischtaschen übrig bleiben – sie schmecken auch kalt vorzüglich.

Kalbsbraten mit Rosmarin

1,5 kg Kalbsnuss
1 Prise Galgant
Salz nach Belieben
4 EL Sonnenblumenöl
2 Zwiebeln, fein gehackt
2 Knoblauchzehen, zerdrückt
1 l Milch (oder 250 ml trockener Weißwein gemischt mit 750 ml Gemüsebrühe)
3 Gewürznelken
2 Rosmarinzweige

Kalbsfleisch waschen, trocken tupfen und mit Galgant und Salz einreiben. Sonnenblumenöl in einem Bräter erhitzen, Fleisch, Zwiebeln und Knoblauch hinzugeben und unter Rühren kräftig anbraten. Mit Milch angießen und mit Salz und Galgant abschmecken. Gewürznelken und Rosmarinnadeln dazugeben. Das Kalbfleisch auf der mittleren Schiene des Backofens bei 180 °C 1 1/2 Stunden garen. Dabei öfter wenden. Den Braten aus dem Bräter nehmen und kurz ruhen lassen. Das Kalbfleisch tranchieren und mit dem Bratenfond anrichten. Dazu schmecken Dinkelnudeln oder Dinkelreis.

Geflügelgerichte

Was uns heute sehr fremd anmutet: Im Mittelalter kamen auch Adler, Stare und sogar Zaunkönige, Schwäne und Pfauen auf den Tisch. Heute jedoch sollten wir bei der Auswahl von Geflügel im Sinne Hildegards am besten auf Hühner zurückgreifen, denn ihr Fleisch ist besonders mager (die bei uns so beliebte Pute und auch der Truthahn finden in den Schriften der Benediktiner-Äbtissin keine Erwähnung). Ob mit leckerer Kräuterkruste oder mit Dinkel gefüllt, die folgenden Gerichte können sich sehen lassen.

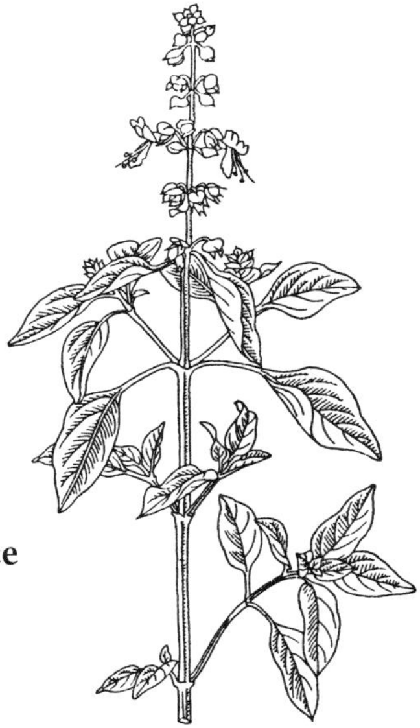

Hähnchenkeule in Basilikumsauce

8 Hähnchenkeulen
4 EL Sonnenblumenöl
1 Zwiebel, fein gehackt
$^1/_4$ l trockener Weißwein
250 ml Schlagsahne
1 Bund frisches Basilikum, fein gehackt
Salz und schwarzer Pfeffer nach Belieben

Hähnchenkeulen waschen, trocken tupfen und von beiden Seiten in Sonnenblumenöl kurz anbraten. Zwiebel hinzufügen und glasig dünsten. Dann mit Weißwein ablöschen und das Hähnchenfleisch 30 Minuten bei schwacher Hitze darin gar kochen. Die Keulen herausnehmen und im Backofen warm stellen. Den Fond mit Sahne verrühren und kurz aufkochen. Fein gehacktes Basilikum hinzufügen und 3 Minuten ziehen lassen. Mit Salz und Pfeffer würzen. Die Hähnchenkeulen nochmals in die Pfanne geben und in dem Fond bei schwacher Hitze ruhen lassen. Anrichten und mit Dinkelrisotto und Blattsalat servieren.

Hühnerbrust mit Weinblättern

120 ml trockener Weißwein
1 Tasse Hühnerbrühe
1 Zwiebel, fein gehackt
1 Knoblauchzehe, fein gehackt
1 Möhre, in Scheiben geschnitten
Salz und schwarzer Pfeffer nach Belieben
1 Bund frischer Dill, fein gehackt
8 kleine Hühnerbrustfilets
8 Weinblätter
1 EL Dinkelmehl

Aus Weißwein, Brühe, Zwiebel, Knoblauch, der in Scheiben geschnittenen Möhre, Salz, Pfeffer und dem fein gehackten Dill eine Marinade herstellen. Die gewaschenen und trocken getupften Hühnerbrüste mit den Weinblättern umwickeln und darin mindestens 3 Stunden marinieren. Dann die Hühnerbrustfilets in eine Auflaufform geben, mit der Marinade begießen und 45 bis 50 Minuten im Ofen bei 180 °C garen lassen. Auf vorgewärmten Tellern anrichten. Marinade kurz mit Dinkelmehl aufkochen und über die Hühnerbrustfilets geben. Dazu schmecken Dinkelnudeln.

Dinkel-Hühnchen

2 Zwiebeln, fein gehackt
1 EL Butterschmalz
1 Tasse Dinkelkörner
2 Tassen Hühnerbrühe
1 Tasse Rotwein
1 küchenfertiges Hühnchen (ca. 1,5 kg)

3 EL Sonnenblumenöl
Jeweils 1 Prise Galgant und Bertram
Griechenkleepulver
(oder Bockshornkleepulver)
100 ml Wasser
Salz nach Belieben

Zwiebel in Butterschmalz andünsten, Dinkelkörner hinzufügen und unter Rühren anbraten. Mit Hühnerbrühe und Wein ablöschen und bei schwacher Hitze 30 Minuten gar kochen. Währenddessen das Hühnerfleisch von den Knochen lösen, waschen und mit einer Geflügelschere klein schneiden. Anschließend in Sonnenblumenöl anbraten. Mit Galgant, Bertram, Griechenkleepulver und Salz würzen und mit wenig Wasser bei schwacher Hitze gar kochen. Das Hühnchenfleisch zu dem Fond geben und ca. 3 Minuten kochen. Mit Dinkelreis sofort servieren.

Hühnchengeschnetzeltes mit Austernpilzen

800 g Hühnchengeschnetzeltes
Jeweils 1 Prise Galgant, Ysop und Bertram
2 EL Butterschmalz
Salz nach Belieben
1 große Zwiebel, fein gehackt
2 Knoblauchzehen, zerdrückt
300 g Austernpilze
150 ml trockener Rotwein

Hühnchengeschnetzeltes mit kaltem Wasser waschen und gut trocken tupfen. Mit Galgant, Ysop und Bertram würzen und anschließend in Butterschmalz kurz anbraten. Aus der Pfanne nehmen und mit Salz bestreuen. Zwiebel und Knoblauch glasig dünsten, die Austernpilze hinzufügen und mitdünsten. Hühnchengeschnetzeltes wieder dazugeben und mit Rotwein ablöschen. Eventuell noch etwas Wasser hinzufügen. Alle Zutaten ca. 20 Minuten bei mittlerer Hitze köcheln lassen. Dabei ab und zu umrühren. Mit Salz abschmecken.

Hühnerleber „italienische Art"

600 g Hühnerleber
4 große Zwiebeln, in Ringe geschnitten
3 EL Sonnenblumenöl
2 EL frische Petersilie, fein gehackt
125 ml trockener Weißwein
Jeweils 1 Prise Galgant, Bertram und Ysop
Salz nach Belieben
1 EL kalte Butter zum Binden der Sauce

Die Hühnerleber kalt abwaschen, trocken tupfen und in Stücke schneiden. Zwiebelringe in Sonnenblumenöl glasig dünsten, Petersilie hinzugeben und mit Weißwein ablöschen. Eventuell noch etwas Wasser zugießen. Mit Galgant, Bertram und Ysop würzen. Die Hühnerleberstückchen in die kochende Sauce geben und ca. 3 Minuten bei starker Hitze kochen lassen. Sauce mit Salz abschmecken und mit kalter Butter binden. Dazu schmeckt Dinkelreis.

Italienisches Zitronenhähnchen

1 Hähnchen (ca. 1,2 kg)
4 Zitronen

Salz und schwarzer Pfeffer nach Belieben
250 ml trockener Weißwein

Hühnchen von innen und außen gründlich waschen und trocken tupfen. Den Saft von 3 Zitronen auspressen. Hähnchen mit der Brust nach oben in einen Bräter legen und mit Zitronensaft übergießen. Restliche Zitrone in feine Scheiben schneiden, das Hähnchen damit bedecken. Abgedeckt im Kühlschrank 12 Stunden ziehen lassen. Anschließend mit Salz und schwarzem Pfeffer würzen und bei 180 °C auf der mittleren Schiene des Backofens eine Stunde garen. Nach 30 Minuten wenden. Während der Garzeit das Hähnchen nach und nach mit Weißwein begießen. Auf einer Platte anrichten, mit Bratenfond übergießen und mit Zitronenscheiben garnieren. Dazu schmecken Kopfsalat oder gedünstetes Gemüse der Saison.

Wildgerichte

Bereits im Mittelalter erfreuten sich Wildgerichte großer Beliebtheit. Es kamen aber nicht nur Hasen, Hirsch, Wachteln, Rebhühner und Fasane in die Kochtöpfe, son-

dern sogar Auerhähne. Auch heute noch ist Wild – während der Jagdsaison im Herbst – eine leckere, aber leider auch teure Alternative zu anderen Fleischarten. Hildegard von Bingen empfiehlt für die Zubereitung von Wildgerichten vor allem das Fleisch von Reh und Hirsch, weil beide von gutem und gesundem Futter leben. Wachteln und Rebhühner allerdings sollten nur von gesunden Menschen gegessen werden.

Rehkeule mit Maronenpüree

1 $^1/_2$ kg Rehkeule
100 g Schinkenspeck, in Würfel geschnitten
1 TL frischer Majoran, fein gehackt
1 TL frischer Thymian, fein gehackt
1 TL frisches Basilikum, fein gehackt
1 TL frische Petersilie, fein gehackt
1 TL frischer Liebstöckel, fein gehackt
1 Zwiebel, fein gehackt
Salz und schwarzer Pfeffer nach Belieben
2 Lorbeerblätter
1 Bund Suppengemüse
$^1/_4$ l trockener Rotwein
4 EL Weinessig
1 Zwiebel, fein gehackt
4 EL Sonnenblumenöl
1 Zweig Thymian
1 Stängel Petersilie
Für das Maronenpüree:
500 g Maronen
$^1/_4$ l Geflügelbrühe

1 EL Dinkelmehl
50 ml Schlagsahne
Die Rehkeule enthäuten und mit dem in Würfel geschnittenen Speck spicken. In eine große Schüssel legen, Kräuter, Zwiebel, Salz und Pfeffer, Lorbeerblätter und in Stückchen geschnittenes Suppengemüse darüber geben und mit Wein und Essig über Nacht marinieren. Mindestens einmal wenden. Die fein gehackte Zwiebel in Sonnenblumenöl in einem Bräter anbraten und die trocken getupfte Rehkeule hinzufügen. Kräftig anbraten und mit etwas Rotwein und Wasser ablöschen. Die fein gehackten Kräuter beigeben und kurz aufkochen lassen. Den Bräter in den auf 180 °C vorgeheizten Backofen stellen und die Rehkeule 30 bis 40 Minuten darin garen. Währenddessen die Maronen waschen, schälen und in der Geflügelbrühe weich kochen. Mit einem Stabmixer pürieren, mit Dinkelmehl binden und zum Verfeinern einen Schuss Sahne hinzufügen. Rehkeulen auf einer Servierplatte anrichten und mit Maronenpüree servieren.

Gebeizte Rehschnitzel
$^{1}/_{4}$ l Rotwein
1 EL Rotweinessig
1 kleine Zwiebel, in Ringe geschnitten
1 Knoblauchzehe, in Scheiben geschnitten
3 Wacholderbeeren
5 schwarze Pfefferkörner
5 Kubebenkörner
Etwas abgeriebene Zitronenschale
4 Rehschnitzel à 150 g

Jeweils 1 Prise Galgant und Bertram
1 EL Butterschmalz zum Braten
100 ml trockener Rotwein
Jeweils 1 Prise Zimt, Glagant, Bertram,
Quendel und Ysop
Salz nach Belieben

Für die Beize Rotwein, Rotweinessig, Zwiebel, Knoblauch, Wacholderbeeren, Pfeffer- und Kubebenkörner mit der abgeriebenen Zitronenschale in einen großen Topf geben und alle Zutaten gut verrühren. Die Rehschnitzel waschen, trocken tupfen, in die Beize geben und 24 Stunden darin marinieren. Dabei mehrmals wenden. Die Rehschnitzel am nächsten Tag aus der Beize nehmen, abtropfen lassen und mit Galgant und Bertram würzen. Von beiden Seiten bei schwacher Hitze in Butterschmalz anbraten und im Backofen warm stellen. 100 ml Rotwein zum Bratenfond gießen, kurz aufkochen und mit Zimt, Galgant, Bertram, Ysop, Quendel und Salz abschmecken. Rehschnitzel kurz in der fertigen Sauce erwärmen und auf Tellern anrichten. Dazu schmecken Dinkelnudeln.

Rehragout

1 kg Rehschulter
1 Bund Suppengrün
1 Zwiebel, fein gehackt
2 Knoblauchzehen, zerdrückt
1 EL Wacholderbeeren
1 TL Thymian, gerebelt
700 ml trockener Rotwein

3 EL Sonnenblumenöl
2 Lorbeerblätter
1 EL Tomatenmark
1 Bund frische Petersilie
Für die Sauce:
100 ml Schlagsahne
25 g Dinkelmehl
25 g Butter
1 Schnapsgläschen Weinbrand
1 Schnapsgläschen Kirschwasser
Salz und weißer Pfeffer nach Belieben

Das Rehfleisch in Würfel schneiden und in eine Schüssel (nicht aus Metall) geben. Suppengrün waschen, putzen, klein schneiden und zusammen mit der Zwiebel und dem Knoblauch zum Rehfleisch geben. Wacholderbeeren zerdrücken und hinzufügen. Mit Thymian bestreuen und Rotwein angießen. Mit Alufolie abdecken und an einem kühlen Ort zwei Tage marinieren. Rehfleisch herausnehmen, abtropfen lassen und trocken tupfen. Marinade beiseite stellen. Sonnenblumenöl in eine Kasserolle geben, heiß werden lassen und das Fleisch scharf darin anbraten. Währenddessen Marinade aufkochen und anschließend über das Fleisch gießen. Lorbeerblätter und Tomatenmark einrühren. Petersiliensträußchen in das Rehfleisch stecken, Kasserolle schließen und bei 180 °C drei Stunden im Backofen garen. Anschließend Petersiliensträußchen entfernen, das Rehfleisch mit einem Schaumlöffel aus der Kasserolle heben und warm stellen. Den Bratenfond reduzieren und nach und nach die Schlagsahne einrühren. Dinkelmehl mit Butter mischen und einrühren. Gut umrühren. Mit Weinbrand, Kirschwasser, Salz und weißem Pfeffer abschmecken. Rehfleisch in den Bratenfond geben und kurz darin erwärmen. Auf Tellern anrichten und mit Dinkelsemmelknödeln servieren.

Hirschragout mit Quitten

800 g Hirschragout
3 EL Sonnenblumenöl
2 kleine Zwiebeln, fein gehackt
1 Gewürznelke
1 kleines Stückchen Zimtrinde und 1 Lorbeerblatt
3 weiße Pfefferkörner
Etwas abgeriebene Zitronenschale
50 g Haselnüsse, gehackt
375 ml trockener Rotwein
Salz und weißer Pfeffer nach Belieben
4 Quitten
250 ml Schlagsahne

Hirschfleisch waschen und trocken tupfen. Sonnenblumenöl in einem Bräter erhitzen und Zwiebel darin anbraten. Die Zwiebelstückchen wieder herausnehmen und das Hirschragout kräftig anbraten. Zwiebeln, Gewürznelke, Zimtrinde, Lorbeerblatt, Pfefferkörner, Zitronenschale und Haselnüsse hinzufügen und mit Rotwein ablöschen. Mit Salz und Pfeffer abschmecken. Bräter verschließen und ca. 80 Minuten bei 180 °C im Backofen schmoren lassen. Währenddessen Quitten mit einem Küchentuch abreiben, waschen, vierteln und das Kerngehäuse entfernen. In Wasser ca. 45 Minuten weich kochen und gut abtropfen lassen. Fond durch ein Sieb abgießen, auffangen und mit Schlagsahne verfeinern. Hirschragout hinzufügen und kurz im Fond erwärmen. Quittenviertel hinzufügen und kurz ziehen lassen. Hirschragout auf Teller verteilen und mit Dinkelsemmelknödeln servieren.

Hirschgulasch mit Koriander

800 g Hirschgulasch
2 EL Sonnenblumenöl
2 Zwiebeln, fein gehackt
250 ml trockener Rotwein
1/2 Sellerieknolle
1 EL frischen Koriander, fein gehackt
5–6 Wacholderbeeren
1/2 TL Kubeben
125 ml Schlagsahne
Salz nach Belieben

Hirschgulasch waschen, trocken tupfen und salzen. Sonnenblumenöl in einem Bräter erhitzen und scharf anbraten. Zwiebeln dazugeben, kurz andünsten und mit der Hälfte des Rotweins ablöschen. 30 Minuten einköcheln lassen und eventuell noch etwas Wasser hinzufügen. Währenddessen Sellerieknolle schälen, waschen, in Stifte schneiden und zusammen mit dem Koriander, den zerdrückten Wacholderbeeren und den Kubeben zum Hirschgulasch geben. Alles zusammen nochmals ca. 60 Minuten schmoren lassen. Dabei nach und nach mit dem restlichen Rotwein und etwas Wasser angießen. Den Fond mit gegen Ende der Garzeit mit Schlagsahne verfeinern und mit Salz abschmecken. Das Hirschragout auf Tellern anrichten und mit Dinkelsemmelknödeln servieren.

Wildente mit Gewürzfüllung

1 Wildente à 3 kg (mit Innereien)
Salz und schwarzer Pfeffer nach Belieben
2 säuerliche Äpfel (zum Beispiel Boskop)
600 g Zwiebeln, in Achtel geschnitten
2 EL Butter
1 Prise Galgant
1 EL Majoran
Salz nach Belieben
250 g Esskastanien, gegart
1 Prise Anispulver
1 Prise Zimtpulver
500 ml trockener Rotwein
200 ml schwarzer Johannisbeersaft
2 Zimtstangen
3 Anissterne
Jeweils 1 Prise Galgant und Rohrzucker
Salz nach Belieben

Wildente von innen und außen gut waschen, trocken tupfen und mit Salz und Pfeffer würzen. Wildentenleber und -herz klein schneiden. Äpfel waschen, schälen, Kerngehäuse entfernen und in Stücke schneiden. Ein Drittel der Zwiebelachtel in Butter glasig dünsten. Die Innereien hinzugeben und mit Galgant, Majoran und Salz würzen. Esskastanien mit den Äpfeln zu den Innereien geben und ca. 3 Minuten mitbraten. Mit je 1 Prise Anis- und Zimtpulver würzen und abkühlen lassen. Die Füllung in die Ente geben, mit Holzstäbchen verschließen und in einen Bräter legen. Mit Rotwein und Johannisbeersaft angießen und Zimtstangen und Sternanis hinzufügen. Die gefüllte

Wildente auf der unteren Schiene des Backofens 45 Minuten bei 200 °C garen. Entenfett abschöpfen und die restlichen Zwiebeln in den Bräter geben. Wildente wenden und weitere 1 $^{1}/_{4}$ Stunde garen. Wildente aus dem Bräter nehmen und den Bratenfond zusammen mit den Zwiebelachteln in einen kleinen Topf geben. Das Fett vom Bratenfond abschöpfen, mit Galgant, Rohrzucker und Salz würzen und warm stellen. Wildente weitere 30 Minuten im Bräter garen. Kurz vor dem Servieren 5 Minuten im Backofengrill grillen. Auf Tellern anrichten und mit dem Bratenfond übergießen. Dazu schmecken Dinkelsemmelknödel.

Rebhühner mit Äpfeln in Weinblättern

2 Rebhühner
Salz und schwarzer Pfeffer nach Belieben
4 säuerliche Äpfel (zum Beispiel Boskop)
4–5 Esskastanien
$^{1}/_{2}$ TL Majoran
4 Weinblätter
4 Scheiben Speck
1 EL Butterschmalz für die Form
250 ml trockener Weißwein
125 ml Wasser
125 ml Schlagsahne

Rebhühner waschen, trocken tupfen und von innen mit Salz und Pfeffer würzen. Die Äpfel schälen. Die eine Hälfte in Scheiben schneiden, die andere würfeln. Die Esskastanien grob hacken und zusammen mit den Apfelstückchen mischen und mit Majoran würzen. Mit dieser

Masse die Rebhühner füllen und dann mit einem Weinblatt und einer Scheibe Speck umwickeln. In eine gefettete Bratform geben, mit den restlichen Apfelscheiben belegen und ca. 30 Minuten bei 180 °C im Backofen braten. Das Fleisch sollte noch leicht rosa sein. Die Rebhühner herausnehmen und warm stellen. Den Fond mit Weißwein und Wasser aufgießen und mit Schlagsahne verfeinern. Die Rebhühner auf Tellern anrichten und mit dem Fond übergießen. Dazu schmecken Dinkelnudeln.

Fischgerichte

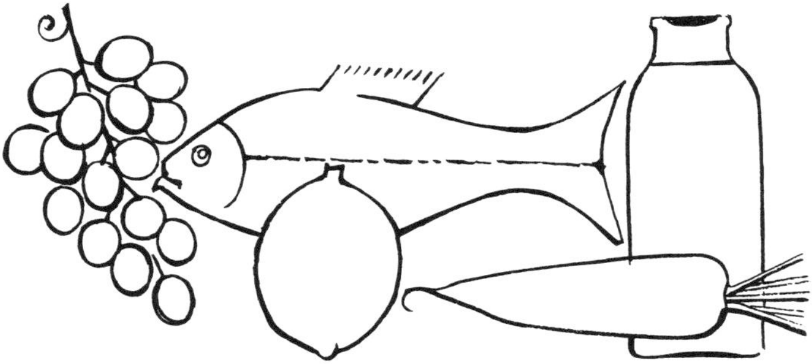

Nicht alle Fische sind im Sinne der Benediktiner-Äbtissin Hildegard gut für den Verzehr geeignet. Sie unterscheidet solche, die sich in reinen und fließenden Gewässern vornehmlich in mittleren Tiefen aufhalten – zum Beispiel Forelle, Hecht und Rotauge – und solche, die in stehenden Gewässern ihre Nahrung suchen und deren Lebensraum der Grund des Sees ist – zum Beispiel Karpfen und Aal, der ja auch – wie bereits erwähnt – zu den „Küchengiften" zählt. Hildegard bevorzugt eindeutig Fische in fließenden Gewässern.

Fischsuppe mit Hechtklößchen

Für den Fischfond:
1 Bund Suppengemüse
2 l Wasser
500 ml trockener Weißwein
1 Bund frische Petersilie, fein gehackt
1 Bund frischer Estragon, fein gehackt
1 TL Fenchelsamen
1 TL schwarze Pfefferkörner
Je 3 Lorbeerblätter und Gewürznelken
Salz nach Belieben
1,2 kg Fischkarkassen

Für die Hechtklößchen:
200 g Hechtfilet (ohne Haut)
100 g Crème fraîche oder saure Sahne
1 Prise weißer Pfeffer
1–2 Messerspitzen Muskatnuss
Salz nach Belieben
100 g Schlagsahne

Für die Fischsuppe:
1 l Fischfond
2 TL frischer Dill, fein gehackt
5 Schnittlauchhalm
4–6 Basilikumblättchen

2 Estragonstiele
3 EL trockener Weißwein

Zubereitung Fischfond: Suppengemüse putzen, waschen, schälen und in feine Streifen schneiden. Wasser und Weißwein in einen Topf geben und zum Kochen bringen. Suppengemüse, Petersilie, Estragon, Fenchelsamen, Pfefferkörner, Lorbeerblätter, Gewürznelken und Salz hinzufügen und alles bei schwacher Hitze ca. 30 Minuten köcheln lassen. Währenddessen die Fischkarkassen mit kaltem Wasser abwaschen, klein schneiden und in den köchelnden Gemüsefond geben. 20 Minuten mitgaren. Ab und zu mit einem Schaumlöffel den Schaum entfernen. Den Fischfond durch ein mit einem Küchentuch ausgelegtes Sieb gießen. Für die Zubereitung der Hechtklößchen Hechtfilet waschen, trocken tupfen und in kleine Würfel schneiden. In eine Metallschüssel geben und im Tiefkühlfach 30 Minuten leicht anfrieren lassen. Den Hecht portionsweise im Blitzhacker fein pürieren. Die Masse durch ein Sieb in eine Metallschüssel streichen und mit Crème fraîche beziehungsweise der sauren Sahne mischen. Mit weißem Pfeffer, Muskatnuss und Salz abschmecken. Sahne steif schlagen und vorsichtig unter die Masse heben (das Fischpüree sollte so wenig wie möglich gerührt werden, da ansonsten beim Kochen die Klößchen zerfallen können). Fischfond in einen Topf geben, gehackten Dill, Schnittlauch, Basilikum und Estragon hinzufügen und zum Kochen bringen. Mit zwei Esslöffeln aus dem Fischpüree Nocken abstechen und 4 Minuten im Fischfond gar ziehen lassen. Mit Weißwein abschmecken und auf vorgewärmten Tellern servieren.

Zander „grün"

800 g Zanderfilet
Salz und Pfeffer nach Belieben
$^1/_2$ l trockener Weißwein
$^1/_4$ l Wasser
2 EL Weinessig
1 Zwiebel, fein gehackt
10 schwarze Pfefferkörner

Für die Sauce:
1 Bund frische Petersilie, fein gehackt
1 Bund frischer Kerbel, fein gehackt
1 Bund frische Pimpinelle, fein gehackt
1 Bund frischer Dill, fein gehackt
1 Bund frische Melde, fein gehackt
1 Bund frische Melisse, fein gehackt
40 g Butterschmalz
2 EL Dinkelmehl
125 ml Schlagsahne
2 Eigelb
Salz und schwarzer Pfeffer nach Belieben

Die Zanderfilets waschen und mit Salz und Pfeffer würzen. Weißwein, Wasser, Weinessig, Zwiebel und Pfefferkörner in einen Topf geben und 15 Minuten einköcheln. Die Zanderfilets in den Sud geben und ca. 5 Minuten garen. Währenddessen die Kräuter waschen, trocken schütteln und fein hacken. Die Zanderfilets aus dem Sud nehmen und im Backofen bei 100 °C warm stellen. Den Sud abseihen. Butterschmalz in einem Topf schmelzen lassen, das Dinkelmehl einrühren und eine Mehlschwitze herstellen. Nach und nach unter Rühren den Sud hinzufügen und leicht einkochen lassen. Sahne mit dem Eigelb mischen und hinzufügen. Dann die Kräuter beimischen und noch einmal kurz aufkochen. Mit Salz und Pfeffer abschmecken. Die Zanderfilets auf Tellern anrichten und mit der Sauce servieren. Dazu schmecken Dinkelreis oder Kartoffeln.

Heilbutt mit Knoblauch und Minze

4 Scheiben Heilbutt à 200 g
Salz und schwarzer Pfeffer
nach Belieben
1 Zitrone
2 Knoblauchzehen, zerdrückt
2–3 EL Sonnenblumenöl
12 Blätter frische Minze,
fein gehackt
2 Stängel Petersilie,
fein gehackt

Den Heilbutt waschen, trocken tupfen, mit Salz, Pfeffer und Zitronensaft würzen und 15 Minuten ruhen lassen. Knoblauchzehen zerdrücken und mit Sonnenblumenöl, klein gehackten Minzeblättern und Petersilie mischen. Die Heilbuttscheiben 30 Minuten darin marinieren. Anschließend in eine Pfanne geben und ca. 10 Minuten von beiden Seiten braten. Heilbutt kann auch in Alufolie gewickelt auf dem Grill gegart werden.

Forelle in der Folie

4 Forellen
2 Zitronen
Salz nach Belieben
2 Knoblauchzehen,
in Scheiben geschnitten
2 EL frische Petersilie, fein gehackt
2 EL frischer Quendel, fein gehackt
Jeweils 1 Prise Galgant und Bertram
Sonnenblumenöl für die Folie

Forellen gut abwaschen und trocken tupfen. Eine Zitrone entsaften und den Fisch von innen und außen damit würzen. Anschließend salzen. Die andere Zitrone abwaschen und in Viertel schneiden. Die Kräuter mit Knoblauch, Bertram und Galgant gut vermengen und zusammen mit den Zitronenvierteln in den Bauch der Forellen füllen. Alufolie mit Sonnenblumenöl einpinseln und Forellen einzeln darin fest einwickeln. Ca. 15 Minuten bei 180 °C im Backofen auf mittlerer Schiene garen. Die Folienforellen sind auch ein köstliches Grillgericht.

Forelle „italienischer Art"

1 kg Forelle
2 EL Olivenöl
1 kleine Zwiebel, fein gehackt
1 Knoblauchzehe, zerdrückt
1 kleiner Salbeizweig
1 kleiner Rosmarinzweig
1 Tasse Wasser
Abgeriebene Zitronenschale

2 EL Weinessig
20 g Sultaninen
Salz nach Belieben
1 EL Dinkelmehl
$^1/_2$ Tasse Wasser

Forelle kalt abwaschen und säubern. Olivenöl in eine Kasserolle geben, Zwiebel, Knoblauch, Salbei- und Rosmarinzweig hinzugeben und bei schwacher Hitze dünsten. Forelle in die Kasserolle legen und 5 Minuten anbraten. Mit einer Tasse Wasser ablöschen. Geriebene Zitronenschale, Weinessig, Sultaninen und Salz hinzugeben und 10 Minuten garen. Die Forelle herausnehmen, Gräten entfernen und warm stellen. Dinkelmehl in einer halben Tasse Wasser auflösen, die Sauce damit binden, kurz aufkochen lassen und über die Forelle gießen.

Felchen mit Fenchel

4 Felchen (ersatzweise Äschen)
1 Zitrone
1 Fenchelknolle
1 Zwiebel, fein gehackt
1 EL Fenchelsamen
$^1/_2$ TL Thymian, gerebelt
3 frische Salbeiblättchen
1 EL frische Petersilie, fein gehackt
1 EL frischen Dill, fein gehackt
1 EL frische Minze, fein gehackt
Jeweils 1 Prise Galgant und Bertram
Salz nach Belieben
2 EL Sonnenblumenöl

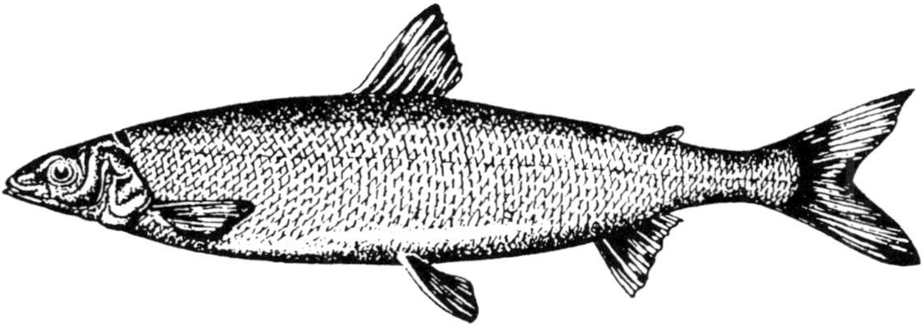

Felchen waschen, ausnehmen und in Zitronensaft ca. 30 Minuten marinieren. Währenddessen den Fenchel waschen, schälen und in feine Streifen schneiden. Zwiebel hinzufügen und mit Fenchelsamen, Thymian, Salbei, Petersilie, Dill und Minze mischen. Mit Bertram, Galgant und Salz würzen und 2 EL Sonnenblumenöl hinzufügen. Die Hälfte des Gemüses in einen Römertopf geben. Felchen darauf verteilen und mit dem restlichen Gemüse bedecken. Den Topf verschließen und das Ganze ca. 45 Minuten bei 220 °C braten. Das Fischgericht mit Dinkelreis servieren.

Süßspeisen und Desserts

Süßspeisen und Desserts bilden in der Regel den krönenden Abschluss einer Mahlzeit. Wer es lieber süß als herzhaft mag, findet in Hildegards Klosterküche viele leckere und wertvolle Gerichte, die auch als Hauptspeise serviert werden können. Dinkel, Quitten, Mandeln und Äpfel sind bei den folgenden Rezepten wesentliche

Grundzutaten, die nicht selten fein mit Zimt gewürzt werden.

Apfel im Schlafrock

4 mittelgroße säuerliche Äpfel
(zum Beispiel Boskop)
75 g Rohrzucker
$^1/_2$ TL Zimt
3 EL Mandelstifte
4 EL Sultaninen
1 Prise Salz
280 g Dinkelfeinmehl
160 g Butter
4–6 EL Wasser
1 Ei

Äpfel waschen, schälen und Kerngehäuse ausstechen. Den Rohrzucker mit Zimt, Mandeln, Sultaninen und der Prise Salz vermischen und in die ausgehöhlten Äpfel füllen. Aus Dinkelmehl, Butter und Wasser einen festen Teig herstellen. Auf der bemehlten Arbeitsfläche 4 mm dick ausrollen und in vier Quadrate schneiden. Darauf die Äpfel setzen, Ränder mit Eiweiß bestreichen und Teigenden zusammenschlagen. In eine gefettete Auflaufform geben und bei 200 °C auf der mittleren Schiene des Backofens ca. 35 Minuten backen. Mit Vanillesauce servieren.

Dinkelgrießpudding

100 g feiner Rohrzucker
1 Päckchen Vanillezucker
100 g Dinkelgrieß
1/2 l Milch
2 Eier

Rohrzucker, Vanillezucker und Dinkelgrieß mischen. Milch in einen Topf geben und zum Kochen bringen. Nach und nach den Dinkelgrieß einrühren und kurz aufkochen lassen. Den Topf von der Herdplatte nehmen und die Eigelbe unterziehen. Eiweiß steif schlagen und vorsichtig unter die Masse geben. Unter ständigem Rühren kurz aufkochen lassen. Kalt stellen und mit Kompott servieren.

Karamellpudding

1 EL Butter
100 g Mandeln, gemahlen
100 g Rohrzucker
100 ml Wasser
850 ml Milch
100 g Dinkelweißmehl

2 Eier
1 TL Vanillezucker

Butter in einem Topf erhitzen. Mandeln zugeben und kurz darin rösten. Rohrzucker einrühren, bei schwacher Hitze flüssig werden lassen und mit Wasser ablöschen. 600 ml Milch hinzufügen und aufkochen lassen. Dinkelweißmehl mit der restlichen Milch, den Eiern und dem Vanillezucker verrühren und in die kochende Milch geben. Kurz aufkochen lassen. Die Masse in eine mit kaltem Wasser ausgespülte Puddingform füllen und im Kühlschrank mehrere Stunden erkalten lassen. Anschließend stürzen und mit geschlagener Sahne servieren.

Mandelauflauf mit Äpfeln

4 mittelgroße Äpfel
3–5 EL Sultaninen
4 Eier
100 g Rohrzucker
100 g Mandeln, gemahlen
60 g Dinkelschrot
1 EL Vanillezucker
$^1/_2$ TL Zimt
1 EL Rum
1 Prise Salz
Fett für die Form
4 EL Mandelblättchen

Äpfel waschen, aushöhlen und mit den Sultaninen füllen. Eier trennen. Eigelbe mit Rohrzucker schaumig schlagen. Dann die gemahlenen Mandeln, den Dinkelschrot, Vanillezucker, Zimt, Rum und Salz hinzufügen und gut vermischen. Eiweiß steif schlagen und vorsichtig unter die Masse heben. Die Masse in eine gefettete Auflaufform füllen, die Äpfel einsetzen und bei 180 °C auf der mittleren Schiene des Backofens ca. 40 Minuten backen. Mandelblättchen in einer Pfanne ohne Fett unter Rühren anrösten. Nach dem Backen über den Mandelauflauf streuen. Dazu schmeckt Vanillesauce.

Bratäpfel mit Minzeblättchen

4 säuerliche Äpfel (zum Beispiel Boskop)
Zitronensaft zum Beträufeln
8 Blättchen frische Minze
2 EL Apfelgelee
50 g Rohrzucker
1 EL Mandeln, fein gehackt
$^1/_2$ TL Zimt
1 EL Rosinen
Butter für die Form

Nach dem Waschen die Äpfel gut aushöhlen, mit einem Messer ringsherum kreuzförmig einritzen und mit Zitronensaft beträufeln. Minzeblättchen hacken, mit Apfelgelee, Zucker, Mandeln, Zimt und Rosinen mischen und Masse in die Äpfel füllen. Die Äpfel in eine gebutterte Auflaufform setzen und bei 220 °C ca. 20 bis 25 Minuten braten.

Apfel-Quark-Auflauf

3 Eigelbe
1 EL Butter
6 EL Rohrzucker

250 g Quark
3 EL Dinkelgrieß
1 TL Weinsteinbackpulver
1 Prise Salz
500 g säuerliche Äpfel (zum Beispiel Boskop)
1 TL Butterschmalz
1 TL Zimt
Mandelblättchen zum Bestreuen

Die Eier trennen. Butter, Rohrzucker und Eigelbe schaumig rühren. Nach und nach den Quark, den Dinkelgrieß, das Weinsteinbackpulver und eine Prise Salz hinzufügen. Eiweiß steif schlagen und unter die Masse ziehen. Äpfel waschen, Kerngehäuse entfernen und in Schnitze schneiden. In eine eingefettete Auflaufform schichten und die Quarkmasse darüber verteilen. Bei 160 °C auf der mittleren Schiene des Backofens ca. 50 Minuten backen. Dann mit Zimt und Mandelblättchen bestreuen.

Aprikosenknödel mit Mandelbröseln

Für die Knödel:
250 g Quark
1 Ei
100 g Dinkelgrieß
50 g Dinkelfeinmehl
1 Prise Salz
1 Prise Galgant

Für die Füllung:
500 g Aprikosen, entsteint
$^1/_2$ TL Zimt
Einige Rohrzuckerwürfel

Für die Mandelbrösel:
40 g Dinkelbrösel
80 g Mandeln, gehackt
20 g Butter
1 EL Rohrzucker
1 TL Zimt
Quark mit Ei, Dinkelgrieß und Dinkelfeinmehl mischen. Mit Salz und Galgant würzen und den Knödelteig 10 Minuten ruhen lassen. In jede Aprikose einen halben Rohrzuckerwürfel geben und mit etwas Zimtpulver bestreuen. Jeweils einen Esslöffel Teig flachdrücken und die gefüllten Früchte damit umwickeln. In einem Topf Salzwasser zum Kochen bringen und die Knödel 12 Minuten darin garen. Währenddessen Dinkelbrösel und Mandeln zusammen mit der Butter in einer kleinen Pfanne unter ständigem Rühren rösten. Rohrzucker und Zimt hinzufügen und zum Schluss über die fertigen Aprikosenknödel geben.

Birnenkompott
1 kg Birnen
$^1/_4$ l Wasser
$^1/_4$ l trockener Weißwein
1 EL Rohrzucker
$^1/_2$ Zimtstange
1 Gewürznelke
Birnen waschen, das Kerngehäuse entfernen und in Viertel schneiden. Dann mit Wasser in einem Topf zum Kochen bringen und weich garen. Das Kochwasser wegschütten, Birnenstücke in ein Sieb geben und mit kaltem

Wasser abbrausen. Wasser, Weißwein und Rohrzucker zum Kochen bringen. Zimtstange und Gewürznelke hinzufügen und zur Hälfte einkochen lassen. Zimtstange und Gewürznelke entfernen. Birnenstücke kurz dazu geben. Dann auf Desserttellern anrichten und mit einem Teelöffel Kornelkirschmarmelade verzieren.

Quittenkompott

1 kg Quitten
1 l Wasser
1 Vanilleschote
400 g Rohrzucker
50 ml trockener Weißwein (oder Apfelsaft)

Pelzige Quittensorten vor dem Waschen kräftig mit einem Geschirrtuch abreiben, das Kerngehäuse entfernen und in kleine Stückchen schneiden. Wasser in einen Topf geben, zum Kochen bringen und Vanilleschoten und Quitten hinzufügen. Alles bei schwacher Hitze ca. 50 Minuten köcheln lassen. Anschließend die Früchte mit einem Schaumlöffel aus dem Topf nehmen und in Einweckgläser füllen. Den Quittensaft mit Rohrzucker, Weißwein oder Apfelsaft 3 Minuten aufkochen lassen und über die gekochten Früchte geben, sodass die Einweckgläser randvoll sind. Verschließen und auf den Kopf gestellt auskühlen lassen. Das Quittenkompott kann mit Mandelblättchen und Schlagsahne verfeinert werden.

Gebackene Quitten mit Vanilleschlagsahne

750 g Quitten
200 ml Schlagsahne

Hildegard empfiehlt, Quittenkompott vor allem bei Rheuma reichlich zu essen. Am besten zu jeder Mahlzeit jeweils eine Schale.

1 Vanilleschote
1 TL Vanillezucker
$^1/_2$ TL Zimt
50 g Rohrzucker

Die gewaschenen und vom Flaum befreiten Quitten in Hälften schneiden und das Kerngehäuse entfernen. Dann auf ein mit Backpapier ausgelegtes Backblech legen und bei 180 °C auf der mittleren Schiene des Backofens 30 bis 50 Minuten backen. Die Quitten sind gar, wenn das Fruchtfleisch weich ist. Sahne steif schlagen und mit dem ausgekratzten Mark der Vanilleschote und Vanillezucker verfeinern. Die Quittenhälften auf Tellern anrichten und mit Zimtzucker bestreuen. Schlagsahne darüber geben und das Fruchtfleisch aus der Schale löffeln.

Kuchen und Gebäck

Kuchen und Kekse können ebenfalls der Gesundheit förderlich sein. Hildegards energiespendende Nervenkekse zum Beispiel, die mit einer Gewürzmischung aus Muskatnuss, Zimt und gemahlenen Gewürznelken zubereitet werden, helfen beim Aufbau der Kräfte, stärken die Konzentrationsfähigkeit und beleben das Gemüt. Aber auch die Kuchen enthalten wichtige und gesunde Grundzutaten aus Hildegards Klosterküche, wie Mandeln, Maronen, Zimt und Quitten.

Maronenkuchen

3 Eier
150 g Butter
100 g Rohrzucker
1 EL Vanillezucker
200 g Mandeln, gemahlen
200 g Maronenpüree
1 TL Butterschmalz für die Form

Eier trennen. Butter mit Rohrzucker, Vanillezucker und Eigelb schaumig rühren. Eiweiß steif schlagen. Mandeln und Maronenpüree vorsichtig unter den Eischnee ziehen und mit der anderen Masse mischen. Den Teig in eine gefettete Kastenform geben und 55 Minuten bei 180 °C auf mittlerer Schiene des Backofens backen. Den fertigen Kuchen in der Backform auskühlen lassen.

Vanillezucker, selbst gemacht

100 g feinster Rohrzucker
1 Vanilleschote

Die Vanilleschote halbieren, das Mark herauskratzen und zusammen mit dem Rohrzucker in ein verschließbares Glas geben. Mehrere Tage ziehen lassen.

Kraftspenderkuchen
80 g Butter
3 Eier
180 g Rohrzucker
1 Prise Salz
100 g Mandeln, gemahlen
100 g Dinkelvollkornmehl
50 g Dinkelflocken, fein
50 g Dinkelflocken, grob
100 ml Milch
1 TL Backpulver
Einige Tropfen Bittermandelaroma
Weiche Butter mit Eiern, Rohrzucker und der Prise Salz schaumig rühren. Gemahlene Mandeln, Dinkelvollkornmehl, Dinkelflocken, Milch, Backpulver und Bittermandelaroma beimengen und alles gut miteinander verrühren. Eine Kuchenform (22 cm Durchmesser) mit Backpapier auslegen, den Teig einfüllen und glatt streichen. Kraftspenderkuchen bei 180 °C auf der mittleren Schiene des Backofens ca. 50 Minuten backen. In der Form kurz auskühlen lassen und anschließend auf ein Kuchengitter stürzen.

Mohnkuchen mit Apfel
6 Eier
200 g Rohrzucker
2 säuerliche Äpfel
(zum Beispiel Boskop)
150 g Mandeln, gemahlen
150 g Mohn, gemahlen

1 Prise Zimt
1 Prise Salz
1 TL Butterschmalz für die Form

Eier trennen. Das Eigelb in eine Schüssel geben und mit dem Rohrzucker so lange schlagen, bis die Masse hellgelb geworden ist. Äpfel waschen, schälen, reiben und mit Eigelb-Rohrzucker-Masse, den Mandeln, dem Mohn, dem Zimt und der Prise Salz vermengen. Das Eiweiß steif schlagen und vorsichtig unter die Masse ziehen. Die Mischung in eine gefettete Tortenform füllen, glatt streichen und bei 170 °C auf der mittleren Schiene des Backofens ca. 50 bis 60 Minuten backen. Um zu prüfen, ob der Kuchen fertig ist, stechen Sie mit einem Holzstäbchen in die Mitte des Kuchens. Der Mohnkuchen ist fertig, wenn kein Teig mehr an dem Holzstäbchen klebt.

Früchtekuchen mit Kirschwasser

50 g Sultaninen
50 g Rosinen
50 g Zitronat
2 EL Kirschwasser
5 Eier
150 g Butter
150 g Rohrzucker
120 g Honig
50 g Mandeln, gehackt
250 g Dinkelvollkornmehl
1 EL Backpulver
1 TL Butterschmalz für die Form

Sultaninen, Rosinen und Zitronat in eine kleine Schüssel geben und mit dem Kirschwasser beträufeln. Die Früchte 2 Stunden ziehen lassen. Eier trennen. Butter schaumig rühren, mit Eigelb, Rohrzucker und Honig verrühren. Dann die in Kirschwasser eingelegten Früchte, die Mandeln, das Dinkelmehl und Backpulver beigeben und zu einem Teig verarbeiten. Eiweiß steif schlagen und vorsichtig unter den Teig ziehen. Die Masse in eine gefettete Kastenform füllen und bei 170 °C auf der mittleren Schiene des Backofens backen. Den fertigen Früchtekuchen auf einem Kuchengitter auskühlen lassen.

Gesundheitsplätzchen

90 g Butter
4 EL Rohrzucker
3 kleine Eier
200 g Dinkelvollkornmehl
50 g Kastanienmehl
1 Messerspitze Backpulver
2 Messerspitzen Zimt

Butter in Flöckchen schneiden und mit Rohrzucker und zwei Eiern schaumig rühren. Dinkelmehl mit Kastanienmehl, Backpulver und Zimt mischen und zur Eiermasse geben. Alle Zutaten gut miteinander verrühren und zu einem festen Teig verarbeiten. Den Teig eine Stunde kalt stellen. Mehl auf die Arbeitsfläche geben, $^1/_2$ cm dick ausrollen, Kekse ausstechen, auf ein mit Backpapier ausgelegtes Blech setzen und mit Eigelb bestreichen. Bei 180 °C auf der mittleren Schiene des Backofens ca. 10 bis 12 Minuten backen. Auf einem Kuchengitter auskühlen lassen.

Galgantplätzchen

100 g Butter
125 g Rohrzucker
3 Eier
10 g Galgantpulver
1 Prise Salz
400 g Dinkelvollkornmehl
1 $^1/_2$ TL Backpulver

Butter in Flöckchen schneiden und mit Rohrzucker und zwei Eiern schaumig rühren. Galgantpulver und Salz hinzufügen. Dinkelvollkornmehl mit Backpulver mischen und mit der Masse zu einem Teig verarbeiten. Mehl auf die Arbeitsfläche geben, den Teig dünn ausrollen, Kekse ausstechen und auf ein mit Backpapier ausgelegtes Blech legen. Mit Eigelb bepinseln und 12 bis 15 Minuten bei 190 °C auf der mittleren Schiene des Backofens fertig backen. Auf einem Kuchengitter auskühlen lassen.

Nervenkekse

400 g Butter
1 kg Dinkelfeinmehl
200 g Mandeln, gemahlen
250 g Rohrzucker
4 Eier
100 ml Milch
1 Prise Salz

Für die Gewürzmischung:

45 g Zimt
45 g Muskatnuss, frisch gemahlen
10 g Nelkenpulver

Butter in Stücke schneiden und mit dem Dinkelmehl, gemahlenen Mandeln und Rohrzucker mischen. Eier, Milch, eine Prise Salz und drei Esslöffel der Gewürzmischung hinzugeben und zu einem festen Mürbeteig kneten. Mindestens eine Stunde im Kühlschrank ruhen lassen. Arbeitsfläche mit Mehl bestäuben, den Teig ausrollen und daraus Kekse ausstechen. Die fertigen Kekse auf ein gefettetes Backblech legen und bei 180 °C auf der mittleren Schiene des Backofens ca. 15 Minuten backen. Empfehlenswert sind drei bis fünf Nervenkekse täglich.

Quendelcracker

300 g Dinkelfeinmehl
1 TL Salz
5 TL Quendelpulver
100 ml Wasser

Alle Zutaten gut miteinander mischen und zu einem festen Teig verarbeiten. Mehl auf die Arbeitsfläche geben, den Teig darauf ausrollen und Kekse ausstechen. Auf ein mit Backpapier ausgelegtes Blech legen und bei 180 °C auf der mittleren Schiene des Ofens ca. 12 bis 15 Minuten goldbraun backen. Die fertigen Kekse abkühlen lassen. Die Quendelcracker werden auch „Managerkekse" genannt, da ihr Verzehr die Konzentration fördert und Stress und Burn-out-Gefühle mildert.

Süße Quendelkekse

300 g Butter
1 kg Dinkelfeinmehl
200 g Mandeln, gemahlen

Der Quendel

250 g Rohrzucker
1 EL Quendelpulver
100 ml Milch
4 Eier
1 Prise Salz
1 TL Butterschmalz zum Einfetten des Backblechs
Die in Flöckchen geschnittene Butter gut mit dem Dinkelmehl verkneten. Mandeln, Rohrzucker, Quendelpulver, Milch, Eier und die Prise Salz hinzufügen und zu einem festen Mürbeteig verarbeiten. Den Teig mehrere Stunden im Kühlschrank kalt stellen. Mehl auf die Arbeitsfläche geben, den fertigen Teig ausrollen, Kekse ausstechen und diese auf ein gefettetes Backblech legen. Bei 160 °C auf der mittleren Schiene des Backofens ca. 25 Minuten backen.

Pikante Quendelkekse
1 kg Dinkelfeinmehl
300 g Butter
200 g Mandeln, gemahlen
4 Eier
100 ml Wasser
2 EL Quendelpulver
1 EL Salz
1 Prise Galgantpulver
1 TL Butterschmalz zum Einfetten des Backblechs
Mohn oder Sesam zum Bestreuen
Dinkelmehl mit Butter, Mandeln, Eiern und Wasser zu einem festen Mürbeteig verarbeiten. Mit Quendel- und Galgantpulver würzen und Salz hinzufügen. Den pikan-

ten Teig mehrere Stunden im Kühlschrank kalt stellen. Mehl auf die Arbeitsfläche geben, Teig ausrollen und Kekse ausstechen. Die Kekse auf ein gefettetes Backblech setzen, mit Wasser bepinseln und mit Mohn oder Sesam bestreuen. Bei 160 °C auf der mittleren Schiene des Backofens ca. 25 Minuten backen. Pikante Quendelkekse sind ideal als Knabbergebäck zu einem Glas Bier oder Wein.

Kraftkugeln mit Schokoglasur

150 g Datteln, entkernt
Zitronensaft
2 EL Mandeln, fein gehackt
2 EL Mandeln, fein gemahlen
2 EL Quittenmarmelade
1 TL Zitronenzesten
1 Prise Galgant
Mandelblättchen
Sesam
Für die Glasur:
2 EL Kakao
2 EL Rohrzucker
50 ml Wasser
1 TL Zimt
1 EL Butter

Datteln in kleine Stücke schneiden und mit dem Zitronensaft beträufeln. Die gehackten und gemahlenen Mandeln, Quittenmarmelade, Zitronenzesten und Galgant hinzufügen und alle Zutaten gut miteinander verkneten. Aus der Masse kleine Kugeln formen und diese in Mandelblättchen und Sesam wälzen. Für die Schokoglasur Kakao, Rohrzucker, Wasser und Zimt in einen kleinen Topf geben und ca. 10 Minuten köcheln lassen. Anschließend die Butter unterrühren und Glasur kurz abkühlen lassen. Die Kraftkugeln damit bestreichen und auf einem Kuchengitter einige Stunden trocknen lassen.

Marmeladen und Gelees

Als süßer Brotaufstrich oder zur Verfeinerung von Gebäck und Kompott hält Hildegard von Bingens Klosterküche köstliche Marmeladen und Gelees bereit. Ob aus Quitten, Esskastanien, Kornelkirschen oder Mispeln zubereitet, es lohnt sich, die folgenden Rezepte auszuprobieren.

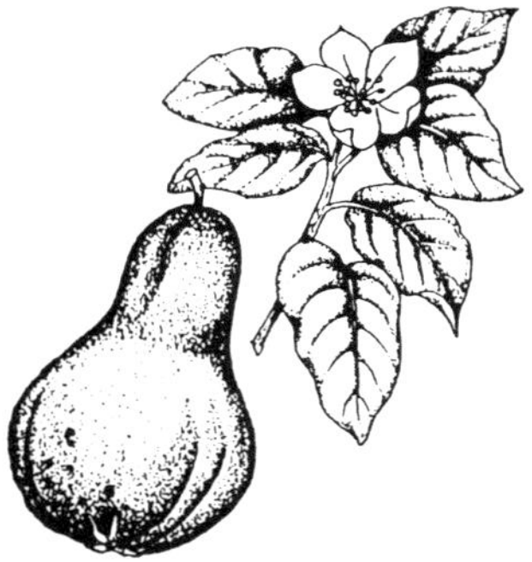

Kastanienmarmelade

1 kg Esskastanien
500 g feiner Rohrzucker
2 Vanilleschoten
evtl. 4 cl Grappa beziehungsweise Trester

Esskastanien einritzen und 45 Minuten in Wasser gar kochen. Dann schälen, grob hacken und mit Hilfe eines Mixers zu Püree verarbeiten. 1 l Wasser aufkochen, den Zucker einrühren, bis er sich gut gelöst hat. Kastanienpüree hinzufügen und zusammen mit dem Mark der beiden Vanilleschoten 30 Minuten bei schwacher Hitze köcheln lassen. Mit Grappa abschmecken und noch heiß in Gläser abfüllen.

Mispelmarmelade mit Schuss

1 kg Mispeln
$^1/_2$ l Wasser
500 g feiner Rohrzucker
4–6 EL Apfelpektin
4 EL Rum (oder Whisky)

Die Mispeln waschen, schälen und durch ein Sieb streichen. Mit Wasser und Rohrzucker bei mittlerer Hitze ca. 5 Minuten köcheln lassen, bis eine cremige Masse entsteht. Dabei häufig umrühren. Eventuell noch etwas Wasser hinzugeben. Mit Rum oder Whisky abschmecken und Apfelpektin nach Packungsangabe einrühren. Gelierprobe machen und Mispelmarmelade in saubere Schraubgläser füllen.

Kornelkirschenmarmelade

1,5 kg Kornelkirschen
400 g Rohrzucker
4–6 EL Agar-Agar oder Apfelpektin als Geliermittel

Da es schwierig ist, die Kerne der Kornelkirsche vom Fruchtfleisch zu lösen, sollten die Früchte zunächst in etwas Wasser weich gekocht werden. Das Fruchtmus mit Rohrzucker aufkochen und nach Packungsangabe Apfelpektin einrühren. Gelierprobe machen und die Kornelkirschenmarmelade in Gläser füllen.

Apfelgelee mit Salbei und Calvados

1 kg Äpfel

$^1/_2$ l Wasser

Saft und Schale einer Zitrone

1 Stange Zimt

4–5 Gewürznelken

400 g feiner Rohrzucker

1 Zweig frischer Salbei (oder frische Minze, in feine Streifen geschnitten)

4–6 EL Apfelpektin

1 Schnapsgläschen Calvados

Äpfel waschen, schälen und in Viertel schneiden. Wasser in einen Topf füllen, Apfelviertel hinzugeben und zusammen mit dem Zitronensaft, der geriebenen Zitronenschale, Zimt und Gewürznelken weich kochen. Apfelmus durch ein Sieb passieren, dabei Fruchtrückstände fest auspressen und Saft auffangen. Den Saft zusammen mit dem Rohrzucker und den Salbeiblättern ca. 5 Minuten kochen lassen. Apfelpektin nach Packungsangabe einrühren, bis der Saft geliert (Gelierprobe). Mit Calvados abschmecken und die Salbeiblätter herausnehmen. Apfelgelee in Marmeladengläser füllen und gut verschließen. Anstatt Salbei kann man auch ein paar Zweige frischer Minze verwenden, deren fein geschnittene Blätter im Gelee verbleiben.

Quittengelee mit Rosenblütenblättern

1 kg Quitten

$^1/_2$ l Wasser

$^3/_4$ l trockener Weißwein

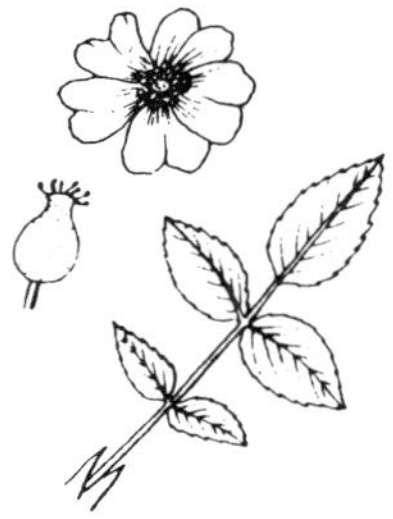

400 g feiner Rohrzucker
Rosenblütenblätter von
6–8 ungespritzten Rosen
4–6 EL Apfelpektin

Den Flaum von den Quitten mit einem feuchten Küchenhandtuch kräftig abreiben. Anschließend schälen, in Stücke schneiden und die Schalen beiseite legen. Wasser und Weißwein in einen Topf geben, Quittenstücke und -schalen hinzugeben, alles ca. 45 Minuten weich kochen und über Nacht den Saft durch ein Tuch abtropfen lassen. Quittensaft zusammen mit dem Rohrzucker in einen Topf geben und ca. 4 Minuten kochen lassen. Die gewaschenen Rosenblätter kurz vor Ende der Kochzeit hinzugeben. Apfelpektin nach Packungsangabe beifügen. Gelierprobe machen. Anschließend das Quittengelee in Gläser füllen und nach dem Abkühlen fest verschließen.

Quittenmus

2 kg Quitten
300 ml Wasser
1 Zitrone
400 g feiner Rohrzucker
1 Prise Zimt
1 Prise Nelkenpulver
4–6 EL Apfelpektin

Quitten mit einem feuchten Küchentuch abreiben, um den Flaum zu entfernen. Anschließend die Früchte schälen, vierteln und Kerngehäuse entfernen. Einige der Quittenkerne herauslösen und in ein kleines Stück Stoff binden. Wasser, Quittenviertel und das Beutelchen mit den Quittenkernen in einen Topf geben und bei schwacher Hitze 1 $^{1}/_{2}$ Stunden garen, bis die Früchte weich sind. Zwischendurch immer wieder umrühren, damit nichts anbrennt. Das Beutelchen mit den Kernen entfernen. Quittenviertel pürieren und Zitronensaft, Rohrzucker, Zimt und Nelkenpulver beifügen. Apfelpektin nach Packungsangabe hinzufügen und ca. 4 Minuten kochen lassen. Gelierprobe machen und das Quittenmus in Gläser füllen.

Birnensaftgelee mit Mohn

2 EL Mohnsamen
50 ml Williams Christ Birne (Birnengeist)
50 ml Wasser
350 ml naturtrüber Birnensaft aus ökologischer Landwirtschaft
150 g feiner Rohrzucker
4 EL Apfelpektin

Mohnsamen im Blitzhacker mahlen. Zusammen mit dem Birnengeist und dem Wasser zum Kochen bringen. Von der Kochstelle nehmen und quellen lassen. Den Birnensaft mit dem Rohrzucker zum Kochen bringen, Mohn beigeben und ca. 5 Minuten mitkochen. Apfelpektin nach Packungsangabe hinzufügen. Gelierprobe machen. Birnensaftgelee in Gläser füllen.

Getränke

Für eine gesunde Ernährung im Sinne von Hildegard spielen auch die Getränke eine wichtige Rolle. Im Mittelalter wurde vor allem Bier und Wein getrunken. Da letzterer häufig sehr sauer schmeckte, machte man ihn mit unterschiedlichsten Kräuter-, Gewürz-, Honig- und Beerenzugaben „trinkbar". Auch Hildegard schätzt den Genuss von Wein (mit Wasser) und (Dinkel-)Bier in Maßen. Ihre Klosterküche hält jedoch auch einige Rezepturen für nichtalkoholische Getränke bereit – zum Beispiel Milchgetränke und den Fencheltee.

Buttermilch mit Äpfeln

1 l Buttermilch
4 Tassen Apfelmus
1 EL Zitronensaft
8–10 Blättchen Zitronenmelisse, fein gehackt
2 Prisen Zimt

Buttermilch zusammen mit Apfelmus, Zitronensaft und Melissenblättchen in einen Mixer geben und gut verquirlen. Mit Zimt abschmecken.

Kräutermilch

$^{1}/_{4}$ l Milch
$^{1}/_{4}$ l Buttermilch
1 Hand voll frische, gemischte Küchenkräuter (zum Beispiel Petersilie, Schnittlauch, Zitronenmelisse, Kerbel), fein gehackt

Saft einer halben Zitrone
Salz und schwarzer Pfeffer nach Belieben
Milch, Buttermilch und Kräuter in einen Mixer geben. Alles gut mixen. Mit Zitronensaft, Salz und schwarzem Pfeffer abschmecken.

Fencheltee
1 TL Fenchelsamen (alternativ Mariendistel, Rosenblütenblätter)
1 l Wasser
Fenchelsamen zusammen mit dem Wasser in einen kleinen Kochtopf geben und erhitzen. Kurz vor dem Kochen von der Herdplatte nehmen und 2 bis 3 Minuten ziehen lassen. Fenchelsamen abseihen und den Tee warm genießen. Eine Prise Zimt verbessert den Geschmack. Alternativ kann auch nach demselben Rezept Mariendistel- oder Rosenblütentee zubereitet werden.

Met (Honigwein)
5 l Wasser
3 kg Honig
1 EL Zimt
1 EL Fenchelsamen
1 Päckchen Reinzuchthefe
Wasser und Honig in einen großen Topf geben und aufkochen lassen. Dann die Gewürze hinzufügen und Honigsud abkühlen lassen. Die Hefe zerbröckeln, mit etwas Wasser mischen und in den Honigsud geben. Den Sud in einen Gärballon gießen und mit einem Gärverschluss gut verschließen. Ca. 14 Tage bei Raumtemperatur gären

lassen. Wenn keine Kohlensäure mehr aufsteigt, den Honigwein durch ein Tuch abseihen und in Flaschen füllen. Der fertige Met ist etwa drei Monate lang haltbar.

Abgelöschter Wein

1/4 l trockener Weißwein

1/4 l kaltes Wasser

Den Weißwein in einem kleinen Topf zum Kochen bringen und mit kaltem Wasser ablöschen. In eine Thermoskanne füllen und über den Tag verteilt daraus trinken. Der abgelöschte Wein ist gut gegen Stress.

Pfefferminzsirup

4 Tassen Minze, fein gehackt

4 kg Rohrzucker

4 Zitronen, in Scheiben geschnitten

50 g Zitronensäure

2 l kaltes Wasser

Minze, Rohrzucker, Zitronenscheiben, Zitronensäure in einen Krug mit kaltem Wasser füllen und sechs Tage auf eine sonnige Fensterbank stellen. Einmal am Tag umrühren, damit sich der Zucker löst. Dann den Sirup durch ein Sieb abseihen und in Flaschen füllen.

Tee aus frischer Pfefferminze

4 Stängel frische Minze

1 l Wasser

Rohrzucker zum Süßen

Die Minze waschen und in eine Teekanne geben. Mit kochendem Wasser überbrühen und 2 bis 3 Minuten ziehen lassen. Nach Belieben mit Rohrzucker süßen und warm oder gekühlt genießen. Wer möchte, kann auch etwas Apfelsaft hinzugeben.

Eistee

Pfefferminzblätter, getrocknet
Melissenblätter, getrocknet
Himbeerblätter, getrocknet
Brennnesselblätter, getrocknet
Hibiskusblüten
Hagebutten
Fenchelsamen
Sternanis
1 l Wasser
Zitronenscheiben

Pfefferminzblätter, Melissenblätter, Himbeerblätter, Brennnessel, Hibiskusblüten, Hagebutten, Anis und/oder Fenchelsamen nach Belieben mischen. Zwei Kaffeelöffel dieser Kräutermischung mit einem Liter heißen Wasser überbrühen und nur fünf Minuten ziehen lassen. Abseihen, auskühlen lassen und mit einer Zitronenscheibe servieren.

Mandelmilch

1 Tasse Mandeln, geschält
4 Tassen Wasser

Die Mandeln mit dem Wasser in einen Mixer geben und pürieren. Die Mandelmilch ist als Milchersatz gedacht

Wie diese Illustration eines Kochbuches im Kloster Ettal aus dem späten Mittelalter zeigt, waren in der Klosterküche reichlich Kräuter und Gewürze vorhanden.

und kann auch zur Zubereitung von Speisen wie zum Beispiel Pfannkuchen verwendet werden.

Dinkelwasser

75 g Dinkelkörner
2 Zitronenscheiben
Rohrzucker oder Honig zum Süßen

Dinkelkörner in kochendem Wasser 3 bis 4 Minuten kochen lassen, abgießen und in einen Topf mit 4 l kaltem Wasser geben. Zum Kochen bringen und bei schwacher Hitze so lange köcheln, bis sich das Kochwasser auf die Hälfte reduziert hat. Dinkelwasser durch ein Sieb abgießen, die Flüssigkeit auffangen und in Glasflaschen abfüllen. Jeweils eine Zitronenscheibe hinzufügen. Mit Rohrzucker oder Honig nach Belieben süßen.

Serviceteil

Gutes aus Klöstern – Bezugsquellen

Neben Honig, Weinen, Likören, Konfitüren und anderem Gutem aus klösterlicher Herstellung finden Sie unter folgenden Adressen in Deutschland, Österreich, Südtirol und der Schweiz auch Tonika zur Erhaltung und Stärkung der Gesundheit.

Manufactum Hoof & Partner KG
Gutes aus Klöstern
Hiberniastr. 5
45731 Waltrop
Tel. 02309/939000 (für Bestellungen: 939050)
Fax 02309/939850
E-Mail: info@manufactum.de
www.manufactum.de

Klosterladen des Klosters Weingarten
Kirchplatz 3–4
88250 Weingarten
Tel. 0751/50960
Fax 0751/5096201
E-Mail: klosterladen@kloster-weingarten.de
www.kloster-weingarten.de

Klosterladen des Klosters Ettal,
Benediktinerabtei Ettal
82488 Ettal
Tel. 08822/74430
Fax 08822/74432
E-Mail: klosterladen@kloster-ettal.de
www.kloster-ettal.de/klosterladen/

Bier und Spirituosen können auch bestellt werden bei:
Ettaler Klosterbetriebe GmbH Abteilung Brauerei
und Destillerie
Kaiser-Ludwig Platz 1
82488 Ettal
Tel. 08822/74-450 oder -413
Fax 08822/74-412
E-Mail: heimdienst@kloster-ettal.de
E-Mail: klosterbrauerei@kloster-ettal.de

Klosterladen der Abtei Münsterschwarzach
Schweinfurter Straße 40
97359 Münsterschwarzach
Tel. 09324/20-0
Fax 09324/20-211
E-Mail: abtei-muensterschwarzach@t-online.de

Klosterladen des Benediktinerinnenklosters Melchtal
6067 Melchtal OW/Schweiz
Tel. 0041/41/6697020
Fax 0041/41/6697027
E-Mail: osb@kloster-melchtal.ch

Weinkellerei des Klosters Einsiedeln
Kellerei Kloster Einsiedeln
8840 Einsiedeln/Schweiz
Tel. 0041/55/4186244
E-Mail: klostereinsiedeln.kellerei@active.ch

Augustinerchorherrenstift Kloster Neustift
(neben Weinen auch diverse Destillate und Kräutertees)
Stiftskellerei Neustift
Stiftstraße 1
39040 Vahrn/Brixen/Italien
Tel. 0039/0472/836189
Fax 0039/0472/837305
E-Mail: weine@kloster-neustift.it
www.kloster-neustift.it

Augustinerchorherrenstift Kloster Neuburg
Stiftsweingut
Am Rathausplatz 24
3400 Klosterneuburg/Österreich
Tel. 0043/2243/411-522
Fax 0043/2243/411-550
Klosterladen des Klosters Neuburg (Onlineshop):
www.stift-klosterneuburg.at
In Deutschland:
Vinothek Stift Kloster Neuburg
Brunngasse 1
94032 Passau
Tel. 0851/35732

Viele Informationen und Adressen von Klöstern, Orden und Stiften Österreichs, bei denen man eigene Produkte aus Weinkeller, Destillerie und Gärtnerei beziehen kann, sind erhältlich über:
Klösterreich Geschäftsstelle
Prof.-Kaserer-Weg 333
c/o ITA, 3491 Straß/Österreich
Tel. 0043/2735/5535-0
Fax: 0043/2735/5535-14
E-Mail: info@kloesterreich.at
www.kloesterreich.at

Unter der Internetadresse www.benediktiner.de finden Sie außerdem weltweit Links und Adressen zu sämtlichen Benediktinerklöstern.

Quellen- und Literaturverzeichnis

Bäumer, Änne: Wisse die Wege. Leben und Werk Hildegards von Bingen, Frankfurt a. M. 1998

Breindl, Ellen: Das große Gesundheitsbuch der Hildegard von Bingen. Leben und Wirken einer bedeutenden Frau des Glaubens. Ratschläge und Rezepte für ein gesundes Leben, Aschaffenburg 1983

Carlsson, Sonja: Das Hildegard von Bingen Kochbuch. Die besten Rezepte der Hildegard-Küche, Weyarn 1997

Haase-Hauptmann, Elke: Die Heilkräuter der Hildegard von Bingen, München 1997

Hales, Mick: Klostergärten, München 2000

Hertzka, Gottfried/Wighard Strehlow: Große Hildegard-Apotheke, Freiburg i. Br. 1989
Hertzka, Gottfried: Das Wunder der Hildegard-Medizin, Stein am Rhein 1991
Hertzka, Gottfried/Wighard, Strehlow: Handbuch der Hildegard-Medizin, Freiburg i. Br., 1996
Hildegard von Bingen: Naturkunde. Das Buch von dem inneren Wesen der verschiedenen Schöpfungen in der Natur. Herausgegeben und übersetzt von Peter Riethe, Salzburg 1959
Hildegard von Bingen: Heilkunde. Das Buch von dem Grund und Wesen und der Heilung der Krankheiten. Herausgegeben und übersetzt von Heinrich Schipperges, Salzburg 1984
Hildegard von Bingen: Heilmittel. Erste vollständige und wortgetreue Übersetzung, in der alle Handschriften berücksichtigt sind. Übersetzt von Marie-Louise Portmann. Herausgegeben durch die Basler Hildegard-Gesellschaft, Basel 1984
Hildegard von Bingen: Dinkelkochbuch. Über 200 erprobte Rezepte. Herausgegeben durch die Basler Hildegard-Gesellschaft, Augsburg 1991
Hildegard von Bingen: Kochen und Backen mit Kastanien. Herausgegeben von der Basler Hildegard-Gesellschaft, Augsburg 1992
Kluge, Heidelore: Das große Hildegard von Bingen Buch. Die wichtigsten Lehren zu Ernährung, Gesundheit und Schönheit, Rastatt 1999
Müller, Irmgard: Die pflanzlichen Heilmittel bei Hildegard von Bingen, Freiburg i. Br. 1993

Pernoud, Régine: Hildegard von Bingen. Ihre Welt, ihr Wirken, ihre Visionen, Freiburg i. Br. 1996
Portmann, Marie-Louise: Heilige Hildegard – von der Heilkraft der Natur. Rezepte und Ratschläge nach der heiligen Hildegard von Bingen, Augsburg 1990
Pluta, Maren von: Hildegardmedizin. Sanfte Rezepte aus Gottes Natur, Niedernhausen 1997
Schiller, Reinhard: Hildegard Pflanzenapotheke. Heilpflanzen für ein gesundes Leben. Rezepte zur Herstellung von natürlichen Medikamenten. Praktische Hinweise zur Selbstbehandlung, Augsburg 1991
Schipperges, Heinrich: Krankheitsursache, Krankheitswesen und Heilung in der Klostermedizin, dargestellt am Welt-Bild Hildegards von Bingen, Bonn 1951
Schipperges, Heinrich: Hildegard von Bingen, München 1997
Schulte-Uebbing, Claus: Heilige Hildegard Frauenheilkunde. Körper und Seele ganzheitlich behandeln, Augsburg 1995
Schweiger, Anita/Susanne Kammerer: Sanft vorbeugen und heilen mit Hildegard von Bingen. Die bewährten Heilpflanzenkuren zur Eigentherapie, Leipzig 1997
Strehlow, Wighard: Die Ernährungstherapie der heiligen Hildegard. Rezepte, Kuren und Diäten, Freiburg i. Br. 1990
Strehlow, Wighard: Hildegard-Heilkunde von A–Z. Kerngesund von Kopf bis Fuß, München 1993
Strehlow, Wighard: Das Hildegard von Bingen Kochbuch. Die besten Rezepte der Hildegard-Küche, München 1996

Register